巴黎九大
高级工商管理博士
DAUPHINE
EDBA
UNIVERSITÉ PARIS-DAUPHINE
Executive Doctorate in Business Administration

文库
LIBRARY

U0509774

服务型企业文化建构中
情感要素的绩效价值研究

以 新生活公司为例 ／朱荣芬 ◎ 著

AN EMPIRICAL RESEARCHON THE PERFORMANCE VALUE OF EMOTIONAL ELEMENTS IN
THE CONSTRUCTION OF CORPORATE CULTURE IN SERVICE-ORIENTED INDUSTRY

THE CASE OF GUANGXI NEW LIFE GROUP

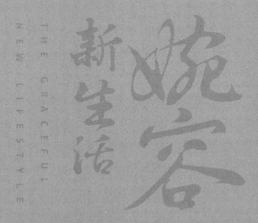

经济管理出版社
ECONOMY & MANAGEMENT PUBLISHING HOUSE

图书在版编目（CIP）数据

服务型企业文化建构中情感要素的绩效价值研究——以新生活公司为例/朱荣芬
著. —北京：经济管理出版社，2018.10（2021.12重印）
ISBN 978-7-5096-5943-4

Ⅰ. ①服⋯　Ⅱ. ①朱⋯　Ⅲ. ①服务业—企业文化—研究　Ⅳ. ①F719

中国版本图书馆 CIP 数据核字（2018）第 185778 号

组稿编辑：高　娅
责任编辑：高　娅
责任印制：黄章平
责任校对：董杉珊

出版发行：经济管理出版社
　　　　　（北京市海淀区北蜂窝 8 号中雅大厦 A 座 11 层　　100038）
网　　　址：www. E-mp. com. cn
电　　　话：（010）51915602
印　　　刷：唐山玺诚印务有限公司
经　　　销：新华书店
开　　　本：720mm×1000mm/16
印　　　张：14. 25
字　　　数：212 千字
版　　　次：2018 年 10 月第 1 版　　2021 年 12 月第 4 次印刷
书　　　号：ISBN 978-7-5096-5943-4
定　　　价：60. 00 元

序一

　　朱荣芬女士的博士论文要公开出版了，这是值得期待的一件事情。毕竟管理学的研究在中国这块热土上需要更多的中国式管理实践，结合管理科学自身的理论基础，深度融入中国的传统文化，才能进一步发展。我不敢说《服务型企业文化建构中情感要素的绩效价值研究》这部书稿能够填补中国管理学研究的什么空白，但我始终对"实践出真知"这句真理性的判断深信不疑！因为管理的对象始终是人，人是有情感的，不是工具，依靠简单的理性工具不可能解决管理中的根本问题。管理中国人，就必须结合中国的本土国情、风土人情、观念世情，才能把人性中最美好的一面激发出来，把人性中最丑陋的一面消弭于无形。那么，情感要素就成为绕不开的管理问题。

　　我和朱荣芬女士结缘于清华大学—巴黎第九大学联合培养的高级工商管理博士（Executive DBA，Université Paris-Dauphine）项目。我作为巴黎第九大学的特聘教授，为该项目的博士生讲授"可持续发展研究"高端课程。就企业战略而言，短期看盈利能力，中期看核心竞争力，长期看可持续发展。为了追求企业健康可持续发展，管理者不可短视。企业家更需要寻找实现可持续发展的内在要素和动力机制。朱荣芬认为，企业文化是其核心能力的主要方面，而构建核心能力，情感要素是不可忽视的关键要素。当她提出要以"服务型企业文化建构中情感要素研究"作为其博士论文的选题时，我作为她的导师，在鼓励她大胆尝试的同时，自己心里却是忐忑的！因为这是一个难以驾驭的题目。毕竟，情感是心理学的一个范畴。虽然能在管理学中不断加以运用，但是，要对这样一个范畴进行深度研究，却是很难拿捏、很难定性、很难定量的！

朱荣芬的自信基于她自己多年的管理实践！她勇于挑战这样一个研究题目，本身就是值得敬佩的！而事实上，值得高兴的是，她不仅有自己坚实的管理实践，更有自己独特的研究视角。她始终坚持这样一个信念，把情感作为企业文化的一个重要因素，以此构建服务型企业的企业文化核心意涵。正是基于这样一个信念，她开始了十多年的追求，并以着力打造"婉容生活"为公司企业文化目标。经过十多年的辛苦努力，以她自己独特的"婉容魅力"，身体力行，鞠躬尽瘁，影响着公司上上下下，居然真的构建起了广西新生活服务公司独特的企业文化，并不断发展完善。

朱荣芬是一个善于思考的优秀管理者，作为企业家，当然需要深谋远虑。她在 2014 年编著的《婉容新生活》一书中就曾经指出，未来企业的竞争是文化的竞争，企业的可持续发展动力在于企业文化，因此研究企业文化具有重要的意义。企业文化中情感要素的最高境界就是追求"婉容人生"，正所谓"有深爱必生和气，有和气必生愉色，有愉色必生婉容"，她所追求的就是这种阳光心态和"婉容人生"，不迷信、不茫然，敢于打破传统思想，相信自强不息，厚德载物，坚持做人做事真善美，坚持传承和提升公司的优秀文化。在朱荣芬那里，"婉容人生"具有三重境界，一是自己好好活着，让血脉相连的人获得幸福；二是活得明白，并且让周围的人也获得幸福；三是让全世界的人获得幸福，活得明白，这是"婉容人生"的最高境界。德国诗人海涅曾经写到："思想走在行动之前，就像闪电走在雷鸣之前一样。"广西新生活服务公司十多年的成功，很大程度上就源于这种企业文化的成功，而企业文化的成功不正是朱荣芬这种"阳光心态、婉容人生"思想的具体行动结晶吗？现在，"婉容生活"的核心含义不仅是广西新生活服务公司企业文化的核心价值理念，作为人性光辉的管理理念也正在升华为管理艺术，成为星星之火，照耀着新生活创造性的探索实践。

理论研究也需要充分的自信，敢于挑战现实，也敢于挑战自我！正如马克思所言："在科学的入口处，正如在地狱的入口处一样，这里必须根绝一切犹豫！"朱荣芬选择这样一个比较难以驾驭的题目，她就需要在自己管理实践的基础上，掌握科学的方法，通过严谨的理论认知和逻辑推理，才能得到真正属于自己的理论发现。对于博士论文，除了选题和文献基础，我作为导师的要求主要是规范性、严谨性和深刻性。立足于培养博士生的理论思维和抽象能力，使其能透过纷繁复杂的现象探究事物的本质，进而发现其内在规律，用于指导具体的管理实践。朱荣芬女士的博士论文做得很扎实。她的理论视野开阔，研究问题精准。仅文献综述就能够围绕主题，对企业文化从概念到理论，从要素、情感要素到具体测评的模型和工具等展开深入的文献搜索和研究述评。在研究方法上，她立足于扎根理论，从案例的典型调查入手，把问卷调查和高端访谈结合起来，获得了大量的第一手资料，并经过信度和效度检验，为理论分析建立了很好的原始数据资源基础。她对于理论研究的严谨、认真和一丝不苟，使她的论文写作完全符合我提出的规范性、严谨性和深刻性的要求，预答辩即获顺利通过。即便如此，她仍然以自己始终崇尚的精益求精精神，对论文进行各方面的精细加工，甚至一句措辞、一个英文符号的运用欠妥都不放过。朱荣芬女士能在学术上取得这样的成就，其实是以她艰苦创业，严谨求实，立足"婉容人生"，个人和公司和谐发展的经营思路作为理念支撑的。正是有了这样深厚的实践基础作保证，对于问题的认知和讨论才有底气，研究结论才经得起检验。最终，她的论文答辩以"最高荣誉"（Highest Honor）获得答辩委员会的顺利通过，应该说这是对她严谨认真的研究工作和取得的理论成果最高的肯定。

巴黎第九大学的高级工商管理博士（EDBA）项目，以"成就企业思想家"为目标。我不敢说朱荣芬博士经过这三年多的努力就已经是企业思想家了，但至少在企业文化建设和企业可持续发展的战略思路方面，她已经不会继续在黑暗中摸索了！朱荣芬博士是一个喜欢思考，也善于理性思考的企业家，如今，她把自己的博士论文进一步修改加工，充实完善，形成了这部凝聚自己管理智慧、思想心得和理论认知的书稿，算是对自己理论研究工作的一个阶段性总结。同时，也为读者奉献出了一个中国本土女性企业家的独特心智。在中国经济面临转型升级的历史关口，如何通过企业文化塑造引领企业获得可持续发展的新路径，本书所透射出的理论认知和管理智慧，虽然有其个人魅力的独特因素，但通过把情感融入企业文化的追求，锻造出具有独特文化个性的企业，应该是中国企业家共同追求的管理境界！

是为序。

张世贤

中国社会科学院工业经济研究所研究员

中国社会科学院研究生院教授，博士生导师

巴黎第九大学 EDBA 特聘教授，博士生导师

2018 年 7 月 12 日

序二

　　如果你还没有购买此书，你一定要买一本。你将会看到它对你来说是多么的令人愉快和有价值，因为它包含了一种财富：一个在实践中行之有效的好主意，一个你可以在自己的公司中使用从而带来利润和快乐的好主意。这本书通过它传递的信息、它提供的证据和它提供的方法来实现这一目的。

　　首先要传达的信息是：企业文化和情感很重要。如果你在做生意，如果你关心业绩，你应该在日常生活中具体关注：客户的情绪和员工、经理的情绪一样重要。当然，公司需要规则、程序、规范和目标，他们需要有权威的管理者，能够指导部门的运作，能够控制活动和结果。但本书所传达的信息是：95%的活动必须通过培训、指导和成为范例来完成；100%的工作必须在尊重、关心和积极指导的氛围中完成；管理者自己也必须在他们的行为中表现出他们希望从下属身上看到的同样的价值观。

　　这个信息很简单，但仅仅有一个美好而简单的想法是不够的：你还需要知道它是否有效。第二点是：作者通过许多例子证明了她的想法是可行的，包括她自己的公司。因此，你可以充满自信，并准备好实践它，希望获得别人已经获得的好处。第三点紧随其后。作者进行了进一步的探讨：通过书中提供的各种例子，她展示了在几种情况下需要付出什么努力和采取什么行动。所以你可以自己去做，根据自己公司的目标和特点去做，并且以你想要的速度去做。

　　书中不止这些。作者曾与在亚洲运营的公司合作过，她将信息和方法与亚洲哲学和亚洲管理风格联系起来。作为一名熟悉国际环境的法国研究者，我认为这是未来能在亚洲国家实施的一个好迹象。除此之外，我还想补充一点，西方的管理实践和管理研究需要仔细研究书中所包含的教训。西方人很难在他们的管理模式中引入情感和文化元素。他们中的一些人似乎认为，"文化""关心"和"爱"这些词只是为梦想家准备的，如果他们认为"善待他人"是通往繁荣的道路，他们就会破产。其他管理人员和研究人员认为，在正式沟通中重复关于价值观的信息就足以使他们在具体的日常行动中遵循这些价值观。作者朱荣芬似乎朝着一个现实的中间立场迈出了有趣的一步：爱、尊重和情绪是重要的元素，是在管理公司时真正需要考虑的，这与规则、权威和控制的存在是一致的，并且在公司的指导中，高管和经理的角色是完全一致的，这要求我们使用像"权威"和"控制"这样的词，其含义不仅仅是惩罚性的。你只要看看这本书就知道了！

Pierre Romelaer

荣誉教授

巴黎第九大学

2018 年 10 月 1 日

If you have not yet bought this book, you have to buy it. You will see how pleasurable and profitable it is to you because it contains a kind of treasure：a great idea that works in practice, a great idea that you can use in your own firm to bring both profit and pleasure. The book accomplishes this feat through the message it transmits, the proof it gives and the method it provides.

First comes the message：corporate culture and emotions are important. If you are in business and if you care for performance you should attend to them concretely in your daily life：clients' emotions are as important as employees' emotions and managers' emotions. Of course companies need rules, procedures, norms and objectives, and they need managers who have authority, who can direct the functioning of their Department, who can control activities and result. But the message is that 95% of these activities must be done through training, guiding, and being living examples; and 100% must be done in an atmosphere of respect, care, positive guidance where managers themselves have to show fairness and display in their behaviour the same values that they want to see in their subordinates.

This message is very simple. But it is not sufficient to have an idea that is beautiful and simple: you also need to see that it works. Here comes the second point: the author proves that her idea works through many examples coming from various firms including her own. So you can be confident and be ready to use it yourself, hoping to reap the same benefits others have obtained.

The third point follows nicely. The author goes further: through the variety of examples presented in the book, she shows what efforts and what actions the implementation required in several situations. So you can do it yourself, adapt it to the objectives and special features of your own companies, and do it at the speed you want.

There is more than this to the book: the author has worked with examples of companies operating in Asia, and she links the message and the methods to Asian philosophies and Asian management styles. As a French researcher used to international environments, I consider this as a good sign for future implementations in Asian countries. Beyond this, I also want to add that Western management practice and management research needs to look carefully at the lessons contained in the book. Westerners have had difficulties to introduce emotional and cultural elements in their management models. Some of them seem to consider that words like "culture" and "caring" and "love" are just made for dreamers who will go bankrupt if they think that "being nice to people" is the road to prosperity. Other managers and researchers believe that repeating messages about values in formal communication is sufficient to obtain that these values are followed in concrete daily actions. The author Zhu Rongfen seems to have made interesting steps toward a middle position that is realistic: love and respect and emotions are important elements that really needs to be taken into account in the management of the firm, and this is compatible with the existence of rules, authority and control, and with a full role of executives and managers in the guidance of the company, and this requires that we use words like "authority" and "control" with a meaning that is not only punitive. To see how, you just have to read the book!

Pierre Romelaer

Professor Emeritus

PSL University Paris-Dauphine

2018/10/01

序三

心理学有名的"霍桑实验"（Hawthorne Experiment，1924—1932）告诉我们，激励员工会提升企业效率。虽然多年来有不少学者指出有关这个实验的设计和演绎有问题，但总的来说雇主对员工的关注，就算是非常小的事情，如征求员工有关办公室的明暗度等，都能在很大程度上影响企业的士气和效率。此中，有一个关键的发现是，这些士气和效率都是短期效应。这个发现的启发是，长期的士气和效率需要长期和不断的关注。朱荣芬女士的研究聚焦于企业文化，而文化就是"思维的习惯"，产生出"行为的习惯"。

我跟朱荣芬女士的认识是因为她对我的文化基因和决策评估的研究感兴趣，我对她的阳光心态和情感要素研究感兴趣，这本书是她系统性地观察和反思的成果。但我更感兴趣的是书中充满人情味的小故事。期待她写一本以企业管理为背景的"情感小说"畅销书。

她研究得出的其实是"常理"。为此，才能使读者有共鸣。人家对你不好而你对人家好是超正常的；人家对你好而你对人家不好是不正常的；人家对你好你会较难对他不好；人家对你不好你会较难对他好。超正常是圣人；不正常是坏人；绝大多数人是常人。朱荣芬女士的企业文化是正常的人做合理的事。因为这是真与善，所以也是美。

梁鹤年

加拿大女王大学教授

2018 年 9 月 15 日

序四

　　我非常喜欢广西新生活的企业精神——"怀大爱心，做小事情"！这个大爱之心，可以说是大爱无疆，这个小事情犹如一滴水——可以折射出太阳的光辉。现在，我就借一个"小事"谈一个我本人亲身经历的真实故事。

　　早在 2002 年，我在新加坡工作时的税后年薪就已达到 2350 万元人民币，成为新加坡乃至中国的"打工皇帝"。而那时候在柳州这个地方，有一家公司，正用 5000 元人民币做一个家政公司。小不小？非常小！2012 年，我在北京认识这个公司的老板时，这个公司其实还是很小。那年，北京约瑟公司的一个老总叫安亮，他在清华大学修读清澳硕士班的时候，跟我说："陈总，清华大学想请你去做个演讲。"我说那段时间非常忙，没有空去。他说："你一定得去，这不只是你去演讲，还有一个我们可以扶持的小企业，更重要的是，这个企业的女老板长得如花似玉。"我于是开玩笑地回答安总说，你前面讲的我都不听，就凭这最后两句话，我就得去一下了。就这样，我到清华大学去做了一个演讲，结识了广西新生活公司老板朱荣芬女士。接着，我们就讨论合作的问题。

　　后来，在准备签约仪式之前的头几天，我遇见一个大老板，他是湖北黄冈人，在海外有几个非常大的油田，被认为是我们家乡的富豪。他和他的太太到我公司去，他说："陈总啊，我们慕名而来，要给你的公司投资 8000 万到 1 亿元人民币。"那个时候，我非常缺资金，很希望有大款支持我，听到他的话我喜出望外，非常感激，于是邀请他出席之后几天我们与广西新生活在北京万怡酒店的投资协议签字仪式。但在这之前的一个晚上，我模仿了基督徒的做法，一个人在一个小房间里，跪下来祈祷上帝的指示与支持。我说："上帝啊，您一定要支持我，把这8000万到1亿元人民币的资金拿过来，以便我可以支持像广西新生活公司这样的一系列小公司的发展，让它们由小变大，荣耀您的大名。"

我们的签约仪式如期举行，这个老板——我的黄冈老乡，如约前往参加了，他的太太也来了。我给他们戴上了贵宾的花朵，把他们当作座上宾。过了一段时间，我问那个富豪，您对约瑟的投资协议我们什么时候签署？他就找了很多借口，迟迟没有签署投资协议。事后，他们在丽都饭店请我吃饭的时候，这个老板跟我说："九霖啊，本来我是要给你投资的，但是看到你签约的那个广西新生活公司如此之小，我们觉得跟你以前做的大事情非常不匹配。你在1997年前做的一个投资项目就有两亿五千万美元，后来你又做了很多大手笔的投资与并购，你今天怎么能做这样小的事情呢？尽管我个人看好你，但我的太太不同意，因为你投资的项目太小了，不知道猴年马月才能看到大的回报啊！"

话说回来，走到今天，我仍然认为广西新生活是一个小公司。但是，它已经"飞舞"起来了，在中国的资本市场上已经占有一席之地，因此，现在说它小也小，说大也大。说小，我觉得任何公司都是由小做大的，比如，马云的阿里巴巴以50万元人民币起家，那时也是非常小的；比尔盖茨的微软，起步也非常小；世界投资大师沃伦·巴菲特，起步的时候也只有十几万美元而已，到了今天，他掌管着4474亿美元的财富。"万丈高楼平地起""千里之行始于足下""不以善小而不为"有时于无声处听惊雷。只要你怀有一颗大爱之心，你做的任何小事情就一定会由小到大。就像"高山不辞杯土而成其高，大海不拒细流而积其大"一样，我有充分的信心，广西新生活在这种"怀大爱心，做小事情"的精神指引下，一定能做得越来越大。这是因为，爱在哪里，事业就在哪里。爱是世界上无可阻碍的巨大能量！

我认为，广西新生活挂牌新三板后，已经脱胎换骨，凤凰涅槃。她现在拥有的不仅是以前团队的力量、理念，更重要的是，她已经将产融结合的血液融入其中。

　　只要怀有大爱之心，我们一定会见到广西新生活更加美好的未来，一定会看到她做出更加伟大的事业来。而且，这不只是一个企业的伟大事业，还会是服务于一个社会的伟大事业，也会成就广西新生活各位员工的伟大人生。我本人和北京约瑟公司以饱满的热情，以厚重的期待，伴你们成功，伴你们到未来！

北京约瑟投资公司董事长

陈九霖博士

2018 年 9 月 18 日

改革开放以来，中国经济社会的发展日新月异，中国的服务型企业在不断成长，服务型产业占国民经济总收入的比例也在持续增加。但是随着人民群众经济收入的提高，他们对服务型企业的要求也在不断升级，如何满足客户的需求，使客户能够长期与服务型企业保持联系成为一项重要议题。

选择研究服务型企业文化建构中情感要素的绩效价值主要是源于笔者对日本游学后的感悟、个人的工作经验，以及对格罗路斯、奥利佛、张世贤和姚唐等专家学者的成果研究的总结。通过对日本东京迪士尼和 MK 出租车公司的考察学习后，笔者对极致服务和情感服务有了初步的认识，在对众多专家学者的研究成果进行了学习后，通过运用文献法、访谈法、问卷法、案例实证研究法、比较研究法和数据模型分析法等研究方法进一步研究了情感要素在服务型企业文化建构中的绩效价值。

通过对企业文化进行深入研究可以发现，企业文化的构成要素包括情感要素、企业价值观、企业精神、伦理道德、企业制度和企业目标等。其中，情感要素是提高服务型企业客户忠诚度的重要因素之一，它不仅有益于提高企业的管理效率，增强企业员工的忠诚度和服务意识，同时也能够满足顾客的情感需求，使他们与企业的合作意向有所提高。借鉴丹尼森的组织文化调查量表、霍夫斯泰德由表及里的文化测评形式、莱恩和蒂斯特芬诺的六文化维度系统及陈春花关于中国企业文化构成的指标测评，笔者进一步构建了本书的理论模型，理论模型第一级内容为领导心理、员工心理、客户心理和制度情感，第二级内容为领导管理、领导情感、员工满意、员工素质、员工情感、企业文化、服务能力、顾客需求、顾客忠诚、顾客情感。根据理论模型针对情感要素本书提出五个假设，分别是情感要素能够提高客户忠诚度、能够提升客户满意度、能够提高员工忠诚度、能够激发员工积极性、能够成为企业文化建设核心要素。

以理论模型为指导，笔者对广西新生活后勤服务管理股份有限公司进行了问卷调查和访谈，并到日本对东京迪士尼和 MK 出租车公司进行了实地调研，对相关行业的精英人士、客户代表和基层员工进行访谈后，进一步验证了情感要素与客户忠诚度、客户满意度、员工忠诚度、员工积极性、企业文化之间的关系后，本书提出要将情感要素作为创新企业文化的关键要素，培养"爱与成长"的发展观，塑造"阳光心态"的精神观，打造"婉容生活"的人生观，形成"充满关爱"的管理观和倡导"互助互爱"的人际观。

本书还有很多的不足之处，笔者研究的脚步不会停止，下一步将会针对情感要素的实际操作和运用进行研究，将理论与实践相结合，以期提高中国服务型企业文化的发展，为企业员工创造良好的工作环境，为客户提供充满情感的优质服务。

目 录

第一章

引　言

第一节　研究背景及目的

改革开放以来，我国服务业得到了快速发展，"服务业占国内生产总值的比重从 1978 年的 24.6% 上升到 2001 年的 40.5%，但进入 2002 年以后，服务业产值比重一直在 40% 左右徘徊不前甚至略有下降"（盛耀玉，2017）。实事求是地说，中国服务业发展占国内生产总值的比重比其他发达国家要低，但是这并不是说中国的服务业发展不够快，而是相对于发展速度更快的工业而言，服务业的发展还不够快。一个国家的产业结构与其经济发展的可持续性有着密切关系，从历史角度看，一个国家越发达，服务业占国内生产总值的比重越高，如美国服务业占国内生产总值的比例超过了 60%。国务院新闻办公室于 2018 年 1 月 18 日举行新闻发布会，国家统计局局长宁吉喆在答记者问时指出，中国 "2017 年服务业增加值占 GDP 比重为 51.6%"。从目前的情况看，服务业已撑起中国经济半边天，但是与发达国家相比，中国的服务业发展还需要进一步提高，对这一内容进行研究十分必要。

一、研究背景

中国可以称得上是经济大国，但是却称不上是经济强国，走出国门的品牌并不多，长期以来中国一直以"世界工厂"为傲，这种认识到了今天已经有所转变。许多学者也指出，如果没有拓展和创新的能力，没有营销和品牌的思维，那么中国的产品永远只是产品，没有真正的品牌，哪怕它的消费者超过了 10 亿人也还只是一个产品，而非知名品牌。中国的服务业目前占国内生产总值的比重超过了 50%，是中国经济发展极为重要的一个部分，因此对如何提高中国服务业发展水平是一项重要研究，尤其是中国服务业发展缺乏质量，过于追求经济收益，对企业文化的建设不够重视，忽略了以人为本的管理理念，缺乏人文关怀和情感要素，这对于中国服务业的可持续发展无疑会产生负面影响。早在 2013 年，中国新闻网便在《中国服务业差距何在：准入门槛不一，水平有待提高》中指出，在当今我国的服务业市场上，"在上星级的酒店上网居然那么麻烦，在我国的服务业中，无论是竞争性还是垄断性的行业，无论是新兴的还是传统服务业，无疑都存在着大量问题"。就目前中国的服务行业而言，虽不能用乱象丛生来形容，但是一些负面新闻确实经常出现在公众面前。如金融服务行业推出层出不穷的理财产品，优先办理大企业贷款业务，拖延中小企业的贷款请求；与保险行业签订一些隐形协议，分得一杯羹等。又如旅游业中旅行社靠零团费、低价团大量吸引游客，在价格战背后，旅行社将降价带来的压力分别转嫁到下游的各个环节中，包括导游、司机、景区、购物店等，而最终为价格战埋单的，却是那些被价格战吸引来的无辜的游客们。面对中国服务业质量不够高的现状，本书从企业文化着手，对提高中国服务业服务质量的途径进行探索。

对于中国的服务型企业而言，打造服务品牌并非道德的承诺，不仅是提供优质的服务，让客户信任就能铸造品牌，更多的是将情感融入企业文化之中，怀着一颗诚实善良的心做服务，在提供服务时与客户建立情感桥梁，如此才能真正地打造服务品牌。中国许多服务型企业对客户情感方面的需求不够重视，只是单方面地服务和付出，希望客户满意，这就是中国式的管理思维。如果服务型企业想提高客户满意度，造就企业品牌，塑造企业核心竞争力，那么就必须深入情感方面去了解客户的需求，关心客户的利益，从他们的情感需求和切身利益的角度去设计产品，为客户提供蕴含情感的服务。

"企业文化是在一定的条件下，企业生产经营和管理活动中所创造的具有该企业特色的精神财富和物质形态。"（周忠田，2009）企业文化能够激发员工的使命感，凝聚员工的归属感，加强员工的责任感，赋予员工的荣誉感，实现员工的成就感。在企业文化的构成要素中，情感要素是极为重要的一个方面，尤其是对于服务型企业而言，情感要素对提升企业管理水平，增强员工忠诚感，提高客户忠诚度具有相当重要的意义。

关于情感要素的重要性，芬兰学者格罗路斯认为情感要素对提高企业员工忠诚度、提升顾客忠诚度具有积极意义，合理地运用情感要素，并将其扩展到企业的营销领域，这种营销应该涵盖企业的内部和外部，要让企业员工首先保持忠诚，而后才能赢得顾客忠诚（格罗路斯，1990）。对于忠诚，大多数学者都认为忠诚是行为与态度的复合的观点。奥利佛（1999）指出，顾客忠诚具有一定的指向性，顾客所忠诚的产品或服务首先在于他们都对其表示偏爱，而后在使用产品或者接受服务的过程中加深这种偏爱，最终由认知、偏爱、意向转变为行为忠诚。虽然他强调了忠诚的态度维度和行为维度，但是对于情感要素的作用却没有进行深入研究。姚唐等（2008）认为，"员工满意、员工信任通过组织承诺影响员工态度忠诚，最终影响员工行为忠诚，这就告诉企业领导者在强调通过物质利益树立员工忠诚度的同时一定不能忽视员工心理状态对于忠诚度的影响作用"。从对这四个变量的考察中他们发现情感要素对服务型企业员工的忠诚度具有极为重要的影响，有必要深入挖掘情感要素中的哪类因素发挥最为关键的作用。

笔者游学日本时被日本东京迪士尼和 MK 出租车公司提供的极致服务和情感服务触动很深，这也是笔者选择对企业文化中的情感要素进行研究的重要原因。东京迪士尼创立于 1982 年，员工人数 22000 名，经营至今一直保持盈利，顾客回头率高达 95%，是全球最赚钱的游乐园。东京迪士尼坚持把客人和自身的安全放在第一位，让客人更放心，认为员工对客人保持礼貌，比只顾完成自己的演出（工作）更加重要。在内部培训的过程中，东京迪士尼培训原则的顺序为：安全（Safety）—礼仪（Courtesy）—演出（Show）—效率（Efficiency）。位于日本古都京都市的 MK 出租车公司，是一家由韩国人于 1960 年创办的企业，至今有 58 年的历史。MK 公司现有 2200 台出租车，4500 名司机，是日本出租车行业的标杆企业。MK 公司认为，做服务，不要先考虑营收，而要先考虑客户，有了客户，才有营收，公司能否发展是由客户决定的。MK 公司主张让客人感动，坚持传递乐观心情。"提升出租车司机的社会地位"是 MK 公司的使命，MK 通过关爱文化与完善的培训体系，给予员工平等和尊重，建立了员工与企业的信任和依存，坚持把每一件小事做彻底，坚持有品质、有格调的极致服务，坚持将好的心情传递给客户。

笔者在 2014 年编著的《婉容新生活》一书中指出，未来企业的竞争是文化的竞争，企业的可持续发展动力在于企业文化，因此研究企业文化具有重要的意义。企业文化中情感要素的最高境界就是追求"婉容人生"，正所谓"有深爱必生和气，有和气必生愉色，有愉色必生婉容"，笔者所追求的就是阳光心态和"婉容人生"，不迷信、不茫然，敢于打破传统思想，相信自强不息，厚德载物，坚持做人做事真善美，坚持传承和提升公司的优秀文化。"婉容人生"具有三重境界：一是自己好好活着，让血脉相连的人获得幸福；二是活得明白，并且让周围的人也获得幸福；三是让全世界的人获得幸福，活得明白，这是"婉容人生"的最高境界。在《婉容新生活》一书中，笔者提出了一系列丰富企业文化内涵的观点，如"急客户之所急，想客户之所想""以人为本""规范管理""专业服务""创新发展""客户至上""建立学习型组织"等。什么样的团队才是优秀团队？优秀团队就是遵循自律与团结的原则，与同伴相互依靠、相互分享，共担责任，没有猜疑、破坏和推诿；在对外交流中能够成为楷模，举手投足都充满了团队的信心、力量和气质，坚持同舟共济，奋发向上。关于"怀大爱心做小事情"的理解，笔者认为"爱"是人们生活和工作中不可或缺的情感因素，错过了爱就错过了生活的全部，爱源于家庭，应当把企业建立成为一个"学习型家庭"，不仅学习朴素、节俭、纯洁、善良、踏实、上进，同时在家庭成员之间传递爱。关于对"阳光心态"的理解，笔者认为塑造阳光心态就是人们尽力散发积极情绪，努力消除消极情绪的一个过程，它在人们的日常生活和工作中酝酿，并逐渐成长起来。在一些读者眼中，《婉容新生活》一书中的内容比较丰富，它分析了企业的环境和个性，尤其是研究了企业为何具有强大的凝聚力，使企业充满活力。也有读者指出，《婉容新生活》强调了优秀企业文化的作用，就像水泥对于混凝土一样重要，没有水泥，那钢筋、石头、沙子就不能牢固地黏合成强有力的整体。约瑟投资有限公司董事长陈九霖对《婉容新生活》的评价较高，尤其是该书中蕴含着一种合和精神，对于来自不同地方，拥有不同习惯、不同教育背景的人，应当一视同仁，以爱为引导，将人们凝聚成一个整体。

张世贤（2013）认为品牌具有三种境界，分别是知名度、美誉度和忠诚度（见图1-1）。忠诚度是品牌的最高境界，"当客户通过实际消费行为认同了品牌所提供的价值，并在同类竞争市场上的众多产品中，只认同自己所中意的某种品牌，实际上就已经产生了品牌忠诚"（张世贤，2004）。张世贤教授还指出，虽然客户选择某一品牌进行消费时有可能会对该品牌产生良好的印象，但是客户还是会反复对比其他同类品牌，进一步坚定或者改变自己的购买意向。值得注意的是，客户选择某一品牌时会看重该品牌的精神文化内涵是否符合自身的消费理念或者精神追求。根据张世贤教授的观点，服务型企业在进行行业竞争时也应当打造自身的品牌，尤其是要达到忠诚度的层次，必须重视企业提供的服务产品所存在的精神价值，是否蕴含精神文化和具有品牌文化魅力。对服务型企业而言，精神价值、精神文化和品牌文化魅力最直观的表达应当是情感要素，也正是通过对张世贤教授打造企业品牌相关理论的研究，笔者才决定将情感要素作为研究的核心，进一步探索情感要素对服务型企业的品牌、管理、员工忠诚度、客户忠诚度等方面的影响。

图 1-1　品牌竞争力的金字塔

资料来源：张世贤．现代品牌战略（第 2 版）［M］．北京：经济管理出版社，2013．

二、研究目的

通过对服务型企业的企业文化进行研究，可以帮助企业家及学者更好地理解企业文化对企业发展的重要性，尤其是情感要素作为企业文化中的重要因素发挥着不可替代的作用。通过文献阅读、调查问卷、访谈和案例研究，笔者希望能够进一步了解企业文化的含义、类型、构成要素、运行机制、理论依据，挖掘出情感要素对企业文化和企业发展的作用，进而创新企业文化，为企业尤其是服务型企业的发展提供一定的助力。笔者希望通过研究解决五大问题：一是服务型企业文化的概念及特征，其与哲学、社会学、心理学、管理学等理论学科的相互关系；二是深刻探索服务型企业文化的构成要素，了解各种不同要素之间的关系和它们的作用机制；三是明确情感要素在服务型企业文化中的地位作用，它对企业的经济效益、员工管理和顾客都具有什么样的影响；四是了解情感要素在企业运行过程中是如何发挥作用的，其以什么方式表现出来；五是探索如何将情感要素作为创新企业文化的关键因素，应当弘扬什么样的精神。

三、关于对服务型企业研究范围的说明

从法律角度看，服务型企业是指从事营业税为"服务业"科目规定的经营活动的企业，其特点主要表现在人力资源在企业各种资本要素中占据极为重要的地位，可以看成服务型企业的第一要素。员工是服务型企业产品的载体，其产品是员工为顾客提供的各种形式的服务，衡量服务型企业产品质量的好坏主要是看员工的服务是否能够满足顾客的需求。服务型企业的种类繁多，包括代理业、旅店业、饮食业、护工、后勤管理、旅游业、仓储业、租赁业、广告业、咨询和其他服务业等。由于服务型企业的种类过于繁多，在有限的时间和资源条件下不可能同时对所有类型的服务行业开展研究，因此本书主要是以研究员工社会地位较低的服务行业为主，该行业雇用了大量的低技能的员工，需要照顾数量庞大的客户。

国际标准化组织制定的ISO9000中将服务业分为12类，包括接待服务、交通与通信、健康服务、维修服务、公共事业、贸易、金融、专业服务、行政管理、技术服务、采购服务、科学服务。通过将其整合，可以分为5类，包括生产服务业、生活性服务业、流通服务业、知识服务业、社会综合服务业。服务提供的基本上是无形的活动，如看电影、听音乐、接受培训等，有时也与有形产品联系在一起，如电梯、汽车的保养和修理等；服务提供的是产品的使用权，并不涉及所有权的转移，如自动洗衣店等；顾客购买服务是为了满足需求，获得利益，这与购买物质产品是相同的。根据不同的划分标准，有不同的服务类型。根据服务活动的本质分类，作用于人的有形活动如医疗保健、美容、娱乐，无形活动如教育、广播、

电影院、信息服务、博物馆；作用于物的有形活动如货运、设备维修、洗衣、草坪养护、兽医，无形活动有银行、保险、法律咨询、会计师事务所等。本书研究的主要焦点是作用于人的有形活动。

广西新生活后勤服务管理股价有限公司（以下简称新生活公司）成立于 2002 年，是一家标准化、规范化、专业化后勤服务管理企业，业务遍及中国广西壮族自治区各城市，服务范围涉及物业管理、餐饮经营、护工服务等行业，服务项目涵盖保洁、绿化、秩序协管、物业维修、洗涤、住院陪护、电梯司乘、客房服务、餐厅服务、厨房服务、综合物业服务、劳务派遣、劳务托管、食堂经营、酒店经营等多个领域，服务对象主要是医院、学校、宾馆、部队、事业机关部门、写字楼、商场及大中型企业。截至 2017 年底，有员工 4300 多人，40 岁以上的员工超过 75%，文化水平为初中以下的员工占了约 85%，从这一现实状况看，新生活公司是能够反映出员工社会地位、知识水平和技能水平较低的服务型企业。然而，经过十几年的发展和积淀，新生活公司形成了独具特色的团队文化理念，成功打造出一支阳光上进、团结务实、有理想、有德行的管理和服务团队，成为广西后勤服务行业的知名品牌。2015 年 12 月，新生活公司在全国中小企业股转系统挂牌新三板，体现了公众对公司所在行业的认可以及公司服务能力的信任。从一定角度看，新生活公司成为了地区服务行业的标杆，能够在一定程度上反映地区服务行业的现状，因此本书在研究过程中主要以新生活公司为实例进行分析。

第二节　研究方法

本书的研究方法如下：

一是文献法。在企业文化测评过程中，常用的文献资料有：企业历史沿革的资料，如企业发展历程、企业历年所取得的荣誉、近年公司工作总结和计划；企业主要规章制度，如主要领导人近年的讲话，企业现有的战略规划、行业态势、主要竞争对手和客户资料，企业对外宣传资料，现有的企业形象建设文件、员工行为规范类文件，现有的企业文化手册；企业的优秀事迹，如主要领导人的简历和事迹、历届受奖人员的名单和事迹等。

二是访谈法。访谈法就是访谈者采用口头提问的方式向被访问者了解有关事实的方法，访谈区别于日常聊天的地方在于它具有目的性，是有目的的对话。在企业文化测评过程中，主要访谈的对象有：对高层管理者和有代表性的部门的中层干部进行一对一访问，了解他们对企业经营环境的判断、企业文化现状的评价与分析等问题；对基层员工进行座谈；对企业现状怀有不满的员工进行走访。

三是问卷法。问卷法是调研者运用统一设计的问卷向受访者了解情况或征询意见的方法。企业文化的问卷可以有效地、较大范围地了解企业文化实施的现状、价值理念的认同程度、行为准则的一致性等问题。首先，问卷调查法有较强的结构性，可以对多个对象进行调研，便于进行定量分析。其次，问卷调查具有匿名性，有利于获得受访者对敏感问题的真实感受。

四是案例实证研究法。本书同时采用了案例研究法和实证研究法，这两种研究方法是研究领域中常用的方法，由于两种方法各有利弊，因此本书将两种方法结合使用。本书首先以新生活公司为案例进行研究，对情感要素在新生活公司中的作用进行深入和全面的考察，进而对情感要素的现象、作用方式进行描述和探索。在以新生活公司为案例进行分析后，笔者通过运用数据，采用客观中立的立场，解释和预测情感要素对服务型企业的作用，即先提出五个假设，而后用数据分析的方法加以验证。

五是比较研究法。本书采用了比较研究法，以 MK 出租车公司和东京迪士尼为例进行了比较，对中国企业文化和日本企业文化的差异进行了分析，进一步理解情感要素在服务型企业中具有何种意义，通过将两个以上的服务型企业联系起来，进行比较分析，寻找其异同，探求普遍规律与特殊规律。

六是数据模型分析法。本书采用问卷和访谈的形式获得了大量的一手数据，在丰富数据的基础上建立了数据模型，对收集来的大量数据进行分析，提取了情感要素在服务型企业中的功能等相关信息，形成了一定的结论，这些数据和结论为本书研究奠定了基础。

第三节 技术路线

图 1-2 是本书研究的技术路线图。

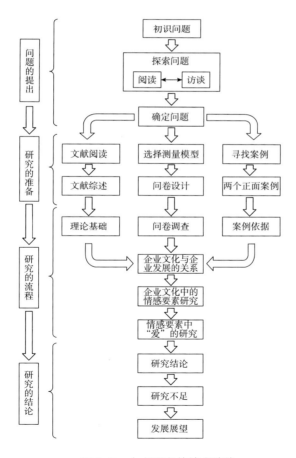

图 1-2 本书研究的技术路线

第四节　主要创新点和不足

本书对企业文化中情感要素的作用进行了深入研究，具有一定的创新性。第一，国内外专家学者对企业文化的研究大多围绕企业文化的作用方面，即使剖析企业文化的各种要素，也多集中在价值理念、道德观念等层面，对情感要素的研究并不多，尤其是关于情感要素对企业员工、企业文化、企业客户的影响研究较少，因此本书在研究内容上具有一定的创新性。

第二，本书通过研究指出应该将情感要素作为企业文化革新的关键要素，提出要培养"爱与成长"的发展观，塑造"阳光心态"的精神观，打造"婉容生活"的人生观，形成"充满关爱"的管理观，倡导"互助互爱"的人际观，从发展观、精神观、人生观、管理观、人际观五个方面探索了运用情感要素丰富企业文化的途径。

第三，本书在掌握了一定材料的基础上，结合众多学者的研究经验，借鉴他们的研究模型，根据自身的研究实践提出了关于研究情感要素的理论模型。该理论模型第一级内容为领导心理、员工心理、客户心理和制度情感，第二级内容为领导管理、领导情感、员工满意、员工素质、员工情感、企业文化、服务能力、顾客需求、顾客忠诚、顾客情感。

通过此次研究，笔者反思了很多，本书的写作以及系统研究的过程暴露出了一些不足。尽管已尽可能地收集材料，竭尽所能运用所学的知识对情感要素的作用进行深入研究，但本书还是存在一定的不足之处，尤其是对理论与实践相结合的研究有所欠缺，有待改进，下一步将会针对把情感要素融入企业文化建设的方式进行研究，坚持理论与实际相结合。在研究的过程中，本书的研究范围局限在低层次、低技术、密集型的服务型企业，对于其他类型的服务型企业缺乏研究，如对智能化、资本化、专业化的服务型企业的材料收集不多。除此以外，本书的案例选择以新生活公司为主，同时研究了日本的东京迪士尼和 MK 出租车公司，在案例选择上较为狭窄，其原因在于日本的文化基因与中国存在相通之处，因此选择了日本的优秀企业作为案例，导致对如美国、法国等先进国家的案例研究较少，而且由于研究的实证周期只有 2015～2017 年三年的时间，研究周期受限，有可能忽略很多其他的问题，或对其他问题进行化简。

文献综述

第一节　企业文化的概念研究

一、关于文化的内涵

对文化内涵的研究，根据《韦氏大词典》的定义，文化指的是"一种包括思想、言谈、行动和人造物品的人类行为的综合形式，并依赖于人们的学习和传递知识的能力向后代传递"（梅里亚姆·韦伯斯特公司，2014）。中华人民共和国成立后，根据修订后的《词源》，"文化"一词是指文治和教化。"今指人类社会历史发展过程中所创造的全部物质财富和精神财富，也指社会意识形态。"（王威孚、朱磊，2006）《辞海》则认为"文化"一词有三种含义：第一，文化是人类社会在生产实践中不断创造出来的精神和物质财富，同时还包括了意识形态及与之匹配的制度和组织；第二，文化主要包括各种各样的知识，属于知识范畴；第三，文化也可以指中国古代王朝的文治和教化（罗友安，2011）。沙因（1985）认为，文化是共享的规范、价值和假设。特里安迪斯（1989）认为，文化是影响人们思考和行动的精神动力，人们在相互交往中都受到文化的影响。马文·鲍尔（1966）提出通俗的定义，文化即人们做事的方式。吉尔特·霍夫斯塔德（1994）认为，文化只是一群人在某一地域范围内形成的共同特征，它具有集群性的特点，文化体现的是一种集体特征，而非某一个人的个性特点。2011年出版的《中国文化要义》一文中记载了中国伟大哲学家和思想家梁漱溟先生（1920）的观点，他认为所谓文化不过是某一民族的生活方式罢了，而人类生活方式可分为三种，分别是向前索取、自我协调和向后索取。中国文化属于第二种自我协调，以意欲自为、调和、持中为根本精神。梁鹤年先生（2014）亲身考察和思考，深入解密西方"自由""民主"等文明现象背后的"所以然"，也就是"文化基因"，他认为"文化基因"是支配西方人思想和行为的因素，它们与时代心态、民族性格、历史背景相结合，决定了西方文明的演化。

对文化维度的研究，霍夫斯塔德和他的研究小组于 1967～1973 年对 IBM 公司进行了问卷调查，参与问卷的员工达到了 11.7 万人，总结出象征国家文化差异的四个维度：权力距离、不确定性规避、个体主义和集体主义、男性化与女性化，在后续的研究之后，又增加了长期取向与短期取向这一维度。施瓦茨（2001）对文化维度展开了理论和实证的研究，他提出了文化维度的十个要素，包括权力（Power）、成就（Achievement）、享乐主义（Hedonism）、普遍主义（Universalism）等，此处不尽列举。琼潘纳斯和特纳（1997）对 54 个国家的 3 万多个个案进行调研之后认为文化应该包括七个方面的维度，包括个体主义与集体主义、时间导向和环境关系等，在他们二人看来，文化是一种客观的精神现象，不同的文化确实存在差异，但是绝不能说哪一种文化更加优秀或具有普世性。除此之外，还有别的学者也对文化维度的研究做出了非常重要的贡献，具体如表 2-1 所示。

表 2-1 文化维度的划分

维度	维度名称	代表学者
五维	权力距离、不确定性规避、个体主义与集体主义、男性化与女性化、长期取向与短期取向	Hofstede（1990，2001）
十维	权力、成就、享乐主义、刺激、自我指向、普遍主义、仁爱、遵循传统、一致性、安全	Schwartz（1992，2001）
七维	个体主义与集体主义、特殊性与扩散性、普遍性与具体性、中立性与情感性、成就与归因、时间导向与环境关系	Trompenaars 和 Turner（1996）
二维	高情境、低情境	Hall（1976）
六维	社会导向、义务性、责任性、对抗性、沟通与应对新情况	Kim（1998）
九维	不确定性规避、权力距离、公共集体主义、群体集体主义、性别平等主义、决断性、未来导向、绩效导向、人本导向	House、Javidan 和 Hanges 等（2002）

资料来源：张世琪. 文化距离、顾客感知冲突与服务绩效的关系研究［D］. 杭州：浙江大学博士学位论文，2012.

对文化认知的研究，Month-lenvlchlenchal（2002）认为，文化认知可被理解为对另一种不同文化背景下人们思考和行为方式的了解程度，文化认知对置身于其文化背景下的个体而言是影响其行为有效性的重要因素。哈金斯（2003）指出，不同的文化群体在交流的过程中必须充分了解相互之间的文化特性，否则将不可避免地发生摩擦事件。Rew 等（2003）提出了认识文化的四种维度，包括认知、意识、态度和行为。Ang S. 等（2006）认为，文化认知是指个体对新的文化环境的特定规范、实践及惯例习俗的了解以及个体在与不同文化背景的人们交往时所具备的文化知识。如表 2-2 所示，虽然跨文化适应存在不同的维度划分，但不同的维度之间还是存在交叉和重叠的。

表 2-2　跨文化适应的维度划分

维度	维度名称	代表学者
三维	总体环境适应、交往适应、工作适应	Black 和 Stephens（1989） Robie 和 Ryan（1996） Van Vianen 和 Kristor-Brown（2004） Liu 和 Shaffer（2005）
两维	心理适应、社会文化适应	Searle 和 Ward（1990） Ward 和 Kennedy（1992，1993） Selmer、Chiu 和 Shenkar（2007）
三维	认知适应、行为适应、情感适应	Tucker、Bonial 和 Lahti（2004）

资料来源：张世琪. 文化距离、顾客感知冲突与服务绩效的关系研究［D］. 杭州：浙江大学博士学位论文，2012.

二、企业文化的内涵

对企业文化内涵的研究，大多数学者认为企业文化概念的相关研究始于 20 世纪 70 年代，当时对文化的研究主要是倾向于人文和历史等领域，"即使有人曾经研究过文化对组织的影响，但并未将之作为一个独立的文化种类"（袁凌，2001）。美国波士顿大学教授 S. M. 戴维斯（1970）第一次提出了企业文化的具体概念，即"组织文化"。美国管理学家德鲁克

（1973）强调了管理与文化之间具有密切的联系。皮特格鲁（1979）在《管理科学季刊》上发表了《学习组织文化》，而后文化模式的研究概念在组织管理研究中被更多地采用。企业文化成为专家学者深入研究的理论范畴始于 20 世纪 80 年代，"美国人在 20 世纪 80 年代初期通过研究和比较日本与美国企业管理的差异后所得出的结果"（赵黎明，2015）。

迪尔和肯尼迪（1982）概括了企业文化的组成部分，分别是价值观、英雄人物、礼仪、文化网络、企业环境等，他们对企业文化的研究更多的是偏向于对某一个企业的文化建设经验进行总结。埃德加·沙因（1985）提出了他自己构想的组织文化，他认为组织文化的存在应该是始于一种或多种假设，这些假设是由内部人员在实践中所发现和创立的，当内部人员将这些假设进行实践时，发现这些假设能够发挥一定的功效，则这些假设就能够得以贯彻，逐渐上升成为一种组织文化。哈特兰等（2000）研究了服务型企业如何将以顾客为导向的企业文化传递给员工，认为要通过开展科学的绩效评估来规范员工的行为，要培养与客户直接接触的员工的价值观。除此以外，也有学者认为企业文化是受顾客需求所引导的，而"在员工个体层面，将顾客导向视为一种人格特质，是员工个体相关行为的前置或结果变量"（李辉，2011）。

陈春花（2016）认为，企业文化是企业在实践中创建和发展的用以解决企业外部适应和内部整合问题的一套共同价值观，与价值观一致的行为方式，以及由这些行为所产生的结果与表现形式，凸显了企业文化的系统性、共识性、功能性和共生性。除此以外，通过大量阅读国内学者的文献可以将国内对企业文化的界定归纳为七种说法。第一种观点认为，企业文化是企业员工践行企业价值观的过程中产生的一种精神现象，其核心在于员工行为是围绕价值观进行的。第二种观点认为，企业文化就是一种企业精神，是"以企业为主体的、广义的、深层次的文化，是企业在长期实践中所形成的价值观念、道德规范、行为准则、传统作风、群体意识及员工的整体素质"（赵霞，2009）。第三种观点认为，企业文化是一种精神系统，它主要强调的是将企业文化看成促进企业员工个性发展的一种精神力量，通过对企业员工产生影响，并最终拓展到整个企业管理当中。第四种观点认为，企业文化是企业的一种共同价值追求，是企业在发展过程中形成的一种群体意识和共同价值追求体系。第五种观点是将企业文化看成一种群体意识，这一观点和共同价值观有相似之处，都是企业在发展中逐渐形成的一种群体力量，但是群体意识说更强调企业受到民族文化和地区文化的影响。第六种观点认为，企业文化是企业总体文明状态，它涵盖了企业在生产发展、经营销售、对外交往等方面的道德面貌。第七种观点认为，企业文化具有三重属性，由低到高分别是物质文化、制度文化和精神文化。彼得·德鲁克（2006）认为，经营理论有三部分：第一，有关组织环境的假设；第二，有关组织特殊使命的假设，使命不但能凸显组织在经济领域的价值，甚至能凸显其社会价值；第三，有关完成组织使命所需的核心能力的假设。陈春花对德鲁克观点的认识包括四个方面：一是有关环境、使命和核心能力的假设，必须符合实际情况；二是在三个领域中的假设必须相互适应；三是经营理论必须被整个组织知道和理解，形成组织文化；四是经营理论必须不断接受检验。英国学者格里·约翰逊和凯万·斯科尔斯（1998）提出了文化与利益相关者的期望这一观点，尤其是提出文化网的概念，他们将文化网和企业文化建设联系到一起。

三、企业文化的类型

奎因和卡梅隆（1980）提出了竞争性文化价值模型，并于1998年把企业文化分成活力型、团队型、层级型和市场型，如图2-1所示。特伦斯·迪尔和艾伦·肯尼迪（1982）认为，企业文化可以归纳为四种类型，分别是硬汉型文化、努力工作/尽情享乐型文化、赌注型文化和过程型文化，并通过着装、居所、运动、语言、接待方式、同事礼仪的角度对四种类型的文化进行了分析。硬汉型文化提倡个人主义，通常会选择高风险工作，反馈信息迅速；努力工作/尽情享乐型文化主张承担较低的风险但强度较高的工作；赌注型文化常常会选择孤注一掷，并且要经过一段较长的时间才能看到决策结果；过程型文化缺少信息反馈，工作绩效难以评估，在这种文化的指导下，公司的发展会以求稳为主。库克和赖佛特（1983）把企业文化划分为12类：①人文关怀的文化。②高度归属的文化。③抉择互惠的文化。④传统保守的文化。⑤因循依赖的文化。⑥规避错误的文化。⑦异议反制的文化。⑧权力取向的文化。⑨竞争文化。⑩力求至善的文化。⑪成就取向的文化。⑫自我实现的文化。河野丰弘（1988）把企业文化分为活力型、独裁活力型、官僚型、僵化型、独裁僵化型五种。哈佛商学院著名教授约翰·科特（1992）认为，有关企业文化的理论大致有三种类型，分别是强力型企业文化、策略合理型企业文化和灵活适应型企业文化。

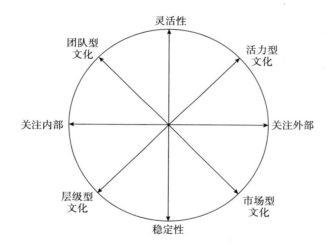

图 2-1　奎因和卡梅隆企业文化分类

资料来源：［美］奎因，卡梅隆．组织文化诊断与变革［M］．谢晓龙译．北京：中国人民大学出版社，2006.

四、企业文化的构成要素

特伦斯·迪尔和艾伦·肯尼迪（1982）认为，企业文化由企业环境、价值观、英雄人物、礼仪仪式、文化网络五种要素构成。他们同时还指出，在文化网络中有几种角色，分别是说书人、牧师、耳边私语者、小道消息传播者、秘书渠道、谍报人员、非正式团体等。彼得斯和沃特曼

（1982）提出了优秀企业文化的八要素说，分别是采取行动、接近顾客、自主和创新精神、以人为本、亲身实践和价值驱动、坚持本业、组织单纯、宽严并济。河野丰弘（1988）提出了企业文化的七要素说，即员工的价值观、情报收集的取向、构想是否为自发地产生、从评价到实行的过程、员工的互助关系、员工的忠诚度、动机的形态。

五、了解企业文化的方式

赵立红和神野繁宪（2014）认为，要深入挖掘阐述日本企业的商务礼仪文化，应当了解日本人的感觉、习惯、文化背景以及思维方式等。他们从寒暄、电话应对、客人应对、客人迎送、走访礼仪、工作中的必备常识、指示和命令的接受方法、汇报的方式、工作总结九个方面揭示了企业文化在日常工作中的体现。陈春花等（2016）认为，企业文化实践在中国的演进经历了三个阶段：一是改革开放前，企业文化与国家精神文明建设相结合。二是20世纪八九十年代，随着商品经济观念的确立，企业文化实践初尝成功。三是21世纪，企业文化实践成为企业提升核心竞争力的自觉行为。陈春花等（2016）认为，对企业文化的研究可以从以下几个视角进行。第一，研究物理环境。虽然从表面看，办公大楼的投资与企业文化没有关系，但是通过向外界环境展示自己的办公大楼能够在一定程度上体现企业文化，如IBM公司大楼以清新明亮和现代气息著称，通用电气公司总部则以堡垒式的建筑模式闻名于世，这些都体现出了企业文化。第二，阅读公司对其文化的阐述。例如，各类年度报告、季度报表、新闻发布会、财务分析、刊物等，这只是企业文化的其中一条线索，并非固定线索。第三，考察公司如何接待陌生人。了解企业文化的最佳方式之一就是观察公司如何接待陌生人，例如，气氛是轻松还是忙碌，举止是否文雅，精神面貌如何等，这些都反映出了企业文化的价值观。第四，访谈公司员工。通过与员工进行访谈能够进一步了解企业文化，例如，与员工谈谈公司的历史，谈谈公司成功的经验，周围的同事是否值得交往，工作场所如何。第五，观察人们如何分配时间。人们做事时是按照自己对事情的重视程度做出决定的，观察和衡量企业文化的重要方式就是观察员工如何分配时间，例如，有的公司企业文化注重创新，则员工会把大多数时间用于创新设计。

六、企业文化的代表性成果

第一，与文化差异相关的研究成果。霍夫斯泰德提出了能够对企业管理产生重大影响的文化差异的四个指标，分别是权力差距可接受程度的高与低、防止不确定性的迫切程度、个人主义与集体主义、男性化与女性化，之后霍夫斯泰德（1980）根据中国的文化特点增加了长期导向与短期导向的指标。帕斯卡尔（1981）认为，要高度重视麦肯锡提出的"7S框架"（见图2-2），7S指的是共同价值观、战略、结构、制度、风格、人员、技能，帕斯卡尔认为美国企业之所以在严酷的竞争面前疲软，是因为它们在管理过程中重硬性"S"，轻软性"S"，即不重视企业文化。威廉·大内（1981）描绘出了Z型文化：它具有一种独特的价值观，其中包括长期雇佣、信任以及亲密的个人关系。"Z理论"的核心是"信任"和"微妙性"，它们与生产率紧密相连。

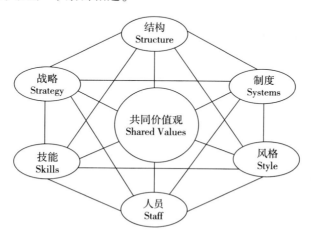

图2-2　麦肯锡7S框架

资料来源：［美］帕斯卡尔，阿索斯. 日本的管理艺术［M］. 张宏译. 北京：科学技术文献出版社，1987.

第二，企业文化与经营绩效关系的相关研究成果。美国哈佛商学院的科特和赫斯克特（2004）指出，企业文化有助于提高企业的经营绩效，科学合理的企业文化不仅能够帮助企业击败对手，同时还能够提高企业的内部管理效率，虽然有的企业文化对于企业的发展产生了一定的负面影响，但是这种情况主要是源于企业文化与企业发展的不适应。

第三，企业文化与领导关系的相关研究成果。沙因（1985）研究了组织文化的内涵，挖掘了组织文化的构成要件，分析了组织文化与领导之间的关系，他认为企业文化不仅能够用于解释许多的组织现象，同时还可以运用到管理实践当中，进一步提高管理效率。沙因（1985）认为，只有能够驾驭企业文化才能成为合格的管理者，管理者在管理企业的过程中展示出自己的个人价值观念，并将其上升为一种企业文化，而后长期对企业产生可持续的影响力。当企业需要发展或有所突破时，新的管理者就必须突破前任管理者的文化桎梏，这是领导的本质和终极挑战。关于企业文化传播的相关研究，有学者认为企业文化传播与受众心理效应有关，"受众心理效应是指传播活动中受众的心理现象、心理反应对传播过程和传播效果的影响"（陈翔，2011）。如威信效应，威信效应是指"传播者个人或群体的权威性、可信性对受众的心理作用以及由此产生的对传播效果的影响"（赵莹，2010）。

第二节　企业文化的相关理论

一、心理学和企业文化

心理学发展历经百余年，是一门研究心理现象发生、发展及其规律的科学。企业文化与社会心理学以及管理心理学具有密切联系，心理学已经通过组织行为学间接地影响到企业文化研究。马斯洛（1943）提出了需要层次论，认为需要包括生理需要、安全需要、社交需要、尊重需要和自我实现需要五种层次。组织心理学家阿吉里斯（1960）将心理契约这一术语引入管理领域，他认为企业员工与企业之间的关系除了合同雇佣契约外，还存在着一些心理上的、非正式的关系，这种关系同样也影响了企业员工的日常行为。谢恩（1965）将心理契约定义为在组织当中，组织成员之间、成员与管理者之间存在着一种隐性的期望，这种隐性期望就是心理契约的体现方式。美国耶鲁大学的克雷顿·奥尔德弗在马斯洛提出的需要层次理论的基础上，开展了进一步的研究，他对人的需求进行总结，即"生存（Existence）的需要、相互关系（Related-ness）的需要和成长发展（Growth）的需要，因而这一理论被称为 ERG 理论"（王艳波、张金梅，2011）。

二、管理学和企业文化

"管理学企业文化主要是在管理学范畴内展开研究和实践，并且已成为管理学科里最具发展前景的一个研究领域。"（吴湛东，2013）实际上，管理学本身就孕育着发现企业文化的必然性，管理学科的系列成果为企业文化的发现和发展提供了丰富的理论土壤。美国学者泰勒（1911）奠定了科学管理理论基础，标志着科学管理思想的正式形成，他认为企业的员工需要友爱和同情，这是企业和员工之间建立起和谐关系的一种桥梁。泰勒还强调企业的管理者要重视培育企业员工之间的友好关系，这为保证企业的各项工作得以完成奠定了基础。从某种意义上看，泰勒所提出的"友好关系"可以视为企业文化的一种表达形式。法国科学管理专家亨利·法约尔（1916）认为，管理的实质是进行计划、组织、指挥、协调、控制，法约尔对管理进行分析后进一步提出了人员团结和推行首创精神的重要性，这实际上是企业文化建设的内容之一。美国哈佛大学教授梅奥（1933）提出了著名的人际关系理论，他认为人是"社会人"而非"经济人"，生产效率主要取决于员工的士气，企业中存在着非正式组织，强调新型领导的必要性，梅奥人际关系论为企业文化建设提供了很好的依托和理论基础。

美国加利福尼亚大学管理学教授威廉·大内（1981）认为，美国的管理模式与日本存在一定的差异，而美国应该尝试转变自己的管理方式，重视信任和关心员工。理查德·帕斯卡尔和托尼·阿索斯（1981）认为，美国管理与日本管理的主要差异在于企业文化，日本重视软性力量，即企业文化，而美国则重视硬性力量，即制度管理。

三、社会学和企业文化

"社会学关注人类社会和社会生活，从相对宏观的视角来探索社会规律，它针对群体来研究社会现实及其成因。"（曾昊、陈春花、乐国林，2009）社会学与企业文化存在一定的联系，乔纳森·特纳（1974）提到了塔尔科特·帕森斯的人类行动的一般原理，即 AGIL 模型，他认为一个功能整体只有满足了四个要求，才能发挥其功能，才能维持其秩序和稳定。这四项基本要求为：对环境的适应、对目标的实现、将系统整合为一个整体以及对功能模式的维持。从整个企业大系统来看，企业文化本身可以看作是这个大系统中的"L"部分，其主要功能为"维模"。企业文化作为存在于企业大系统内部的一个子系统又可以进一步分为子子系统。

四、文化学和企业文化

文化学是一门研究文化的产生和发展演变规律及文化本质特征的科学。由于企业文化实际上是文化对企业的渗透，因此企业文化是物质文化与精神文化、精英文化与大众文化、理论文化与应用文化的结合。德国学者斯宾格勒（1918）提出了文化形态（类型）学，他认为文化具有有机性，并将不同的文化都视为一种有机体，每一个有机体都存在着由诞生到消亡的过程，而企业文化也是一种有机体，企业文化也存在着由盛到衰的过程。本尼迪克特（1934）提出了文化整合论和有机文化论。他认为文化在发展的过程会逐渐排斥一些与之不适应的要素，而被保留下来的要素将会逐渐制度化，进而成为一种文化的集合体。根据本尼迪克特的理论，企业文化在发展的过程中也会出现排斥和整合现象，并最终成为制度化的文化集合体。

五、经济学和企业文化

"由于企业文化所具有的对企业竞争力的原生性的决定作用以及它所蕴含的更为深刻的企业的本质特征，越来越多的经济学家在努力地开拓这一新的领地。"（张磐、吴欣，2010）哈维·莱宾斯坦（1966）提出 X 低效率，X 表示了企业发展过程中一切导致工作效率降低的要素，虽然莱宾斯坦并未明确地将目标指向企业文化，但是深入分析 X 效率理论可以发现，企业文化也是导致企业工作效率降低的要素之一。制度经济学家道格拉斯·C. 诺思（1981）认为，企业文化对企业的发展具有重要作用，他认为企业文化不仅是一种认知的集合，同时还是人们进行价值判断的衡量标准，在支持企业制度建设的过程中具有极为重要的作用。戴维·M. 克莱普斯（1990）肯定了企业文化对企业发展的作用，他认为企业是由许许多多的员工组成的，企业内部的发展就是企业员工之间博弈的过程，企业文化在企业员工博弈时发挥了催化剂和缓和剂的作用。

第三节　关于情感要素的研究

一、企业文化与核心竞争力

卡梅伦（1985）进一步研究了企业文化的整合方式，以及企业文化与核心竞争力之间的关系。本杰明·斯耐得（1990）认为，企业文化对员工具有重要的影响，企业文化通过营造企业氛围来影响员工的工作态度，激发员工的工作积极性，最终提高企业的核心竞争力，提高企业效益。伦纳德·巴顿（1992）认为，企业的核心竞争力主要在于四个方面，包括员工的能力、企业的技术、企业的管理和企业的文化。美国哈佛大学商学院的约翰·科特和詹姆斯·赫斯克特（1992）预言企业文化将成为企业可持续发展的关键。贝瑞（2000）指出，企业应与客户建立情感纽带，尤其是对于服务型企业而言，情感是服务的本质要求，也是企业品牌的价值体现，因此要学会与客户建立亲密关系。

管益忻（2002）认为，企业的核心竞争力在于十个方面，其中包括"人格素质升级换代为主导，推进企业文化战略管理"。陈荣耀（2002）认为，"企业核心竞争力构筑的逻辑前提是：产权制度更新、核心技术能力培养、企业文化力的构筑"。要想提高企业的核心竞争力，需要整合企业文化的所有资源，并以此为基础构建文化体系。苏勇和张挺（2004）认为，"企业文化在塑造核心竞争力的各因素中居于核心地位"。他特别指出，当一个企业拥有自己独特的企业文化时，这种企业文化便会转化成为企业的核心竞争力。

二、情感要素与核心竞争力

Chaudhuri 和 Hoibrook（2001）认为，品牌情感与品牌信任互相作用，当客户对一个品牌产生积极的情感时，便会逐渐形成对该品牌的信任感，并且在将来的消费中会偏向于购买该品牌，随着时间的推移，这种购买信任会进一步加强客户对品牌的情感。毛帅（2004）认为，企业要注重和它的相关群体进行情感交流，要学会经营情感，情感将成为企业最终的竞争力落脚点。要用情感凝聚员工，员工是企业的基础、是利润的直接创造者，员工为企业尽心尽力，企业才有可能获得长足的进步；要用情感征服同盟，包括企业的供应商和所有能为企业提供技术、资本、服务的企业或个人；要用情感赢得顾客，消费者在企业生存中扮演着决定性的角色，如果守住了消费者，抓住了他们的心，势必会给企业长期的经营奠定良好的基础；要用情感战胜对手，经营企业时，真诚、坚定、仁爱、责任心等积极的情感都将成为最宝贵的资源和最有用的武器。刘敬严（2008）认为，"情感价值对顾客满意、顾客信任和承诺影响均比较显著"。梁文玲（2014）认为，"感知再续关系价值是顾客再续品牌关系的根本驱动因素"。态度结构中的情感因素对行为意向的重要影响，也说明即使在品牌关系断裂后，企业通过实施服务补救、提供关系利益促使顾客对再续关系产生满意情感后，仍然能够驱动顾客进一步的关系再续行为意向。顾客对再续品牌关系产生信任感后，这种情感将显著正向影响其再续关系的意向，进一步证明了关系信任对关系保留的积极作用。程聪等（2015）通过对阿里巴巴和腾讯在互联网第三方支付及其相关业务领域系列竞争行为的案例研究，发现企业身份域范畴内部的竞争行动主要由经济理性驱动，而企业身份域范畴外部的竞争行动则主要是由情感认知驱动的。情感要素对企业在身份域范畴外部实施的竞争行动具有较好的效果。因此，企业为了获得在未来核心业务上的长期竞争优势，需要通过联盟、兼并等方式获取外部核心技术、知识等稀缺资源，依靠情感要素创新企业文化来重构企业核心竞争力。

三、关于情感要素作用的发挥

特伦斯·迪尔和艾伦·肯尼迪（1982）列举了宝丽来公司埃德温·兰德博士的例子，兰德博士坚持认为开发新产品并得以创收的根本原因在于，创造一个适宜的环境，使人们在其中能自由自在地追求自己喜欢的东西，尽可能地通过人性化择岗的方式满足员工的个人需求，从而使员工喜欢公司，热爱自己的岗位，兰德博士将人性化择岗作为企业文化的重要组成部分，突出发挥了情感要素的作用。郭淑琴（1999）认为，企业文化的心理运作机制涉及文化、环境、心理和行为几个关键要素，其作用主线是文化作用于环境，环境影响人的心理，环境中的文化要素通过心理对人的行为产生作用。心理学家赫兹伯格用表格的形式描述了企业员工对价值观和情感的需求，特伦斯·迪尔和艾伦·肯尼迪在赫兹伯格的基础上将表格加以完善。

吴维库（2007）对情绪智力培训进行了初步研究，培训相关材料如表2-3 和表 2-4 所示。吴维库经过调查研究发现，对情绪智力的培训在促使人们理解和表达自己的情绪、管理自己的情绪两个维度上效果甚好（见图2-3），这有助于理解他人情绪、利用情绪提升个人绩效。

表 2-3　情绪智力培训语录材料

维度	举例
心态的重要性	阳光心态是太阳，照到哪里哪里亮；能调动情绪，就能调动一切；没有任何事情比糟糕的心态更能破坏人的健康
对待人生的态度	牵着蜗牛去散步；工作是游戏
管理自己的情绪	活在当下，操之在我；是好是坏还不一定呢；别把自己看得太重，也别把自己看得太轻；不能改变事情就改变对事情的态度，不能改变环境就适应环境；谷底挖坑
理解和表达自己的情绪	人人都有自卑情绪，所以不要因自卑而自卑，要学会自信

资料来源：吴维库，王华，宋继文，姚笛．情绪智力培训形式比较研究——理性情绪疗法在中国 MBA 培训中的初次应用［A］//北京市社会心理学会 2007 年学术年会论文摘要集［C］．北京市社会心理学会，2007（4）.

表 2-4　情绪智力培训案例材料

维度	举例
心态的重要性	小心有狗；佛陀救人；鳄鱼池的故事；李君（中央台）的故事
对待人生的态度	爬山欣赏风景，享受过程；牵着蜗牛去散步；一个英国绅士在云南古城与老太太的谈话
管理自己的情绪	谷底挖坑；谷底理论；别把自己看得太重；三个人应聘松下；魁北克山谷里的雪松；塞翁失马；山坡理论；女人跳海的故事
理解和感知他人的情绪	妈妈激励儿子；妈妈给女儿的正面激励；小猫和麻雀；飞机场挤夏利

资料来源：吴维库，王华，宋继文，姚笛．情绪智力培训形式比较研究——理性情绪疗法在中国 MBA 培训中的初次应用［A］//北京市社会心理学会 2007 年学术年会论文摘要集［C］．北京市社会心理学会，2007（4）.

在《情绪智力培训形式比较研究》的基础上，吴维库（2008）通过对

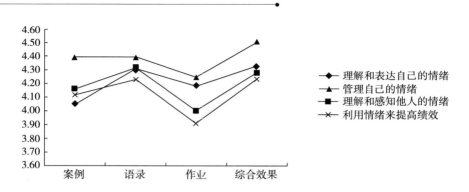

图 2-3　情绪智力四个维度的培训效果比较

　　资料来源：吴维库，王华，宋继文，姚笛．情绪智力培训形式比较研究——理性情绪疗法在中国 MBA 培训中的初次应用［A］//北京市社会心理学会 2007 年学术年会论文摘要集［C］．北京市社会心理学会，2007（4）．

中国 10 大城 40 家不同行业的企业中所收集到的 301 个研究样本进行分析后，提出魅力型领导能够通过情感承诺、功利承诺和自信三个方面的要素对企业员工产生影响。图 2-4 中"OCB"全拼为"Organizational Citizenship Behaviours"，即组织公民行为，指的是有益于组织，但在组织正式的薪酬体系中尚未得到明确或直接确认的行为，包括助人行为、运动家道德、组织忠诚、组织遵从、个人首创性、公民道德和自我发展七个维度。

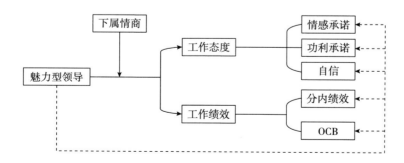

图 2-4　魅力领导及下属情商作为调节变量时领导效能假设模型

　　资料来源：吴维库，刘军，黄前进．下属情商作为调节变量的中国企业高层魅力型领导行为研究［J］．系统工程理论与实践，2008（7）：68-77．

第四节 关于企业文化测评的研究

一、企业文化测评的相关理论

20 世纪 70 年代，美国在与日本企业的竞争中落于下风，这让美国受到很大的触动，由此成为企业文化理论创建的导火索。1981～1982 年，美国企业管理界出现了四本著作，分别是《日本的管理艺术》《Z 理论》《企业文化》和《追求卓越》，这四本书被誉为企业文化浪潮的四重奏。它们旗帜鲜明地提出企业文化思想和管理模式，对管理实践与企业文化理论产生具有重大的作用，是现代企业文化理论创建的标志。继四重奏之后，沙因在 1984 年和 1985 年分别发表了《重新认识组织文化》和《组织文化与领导》，不但为组织文化的含义做出了界定，同时还阐述了组织文化与企业管理之间的关系，为企业文化的研究做出了重要贡献。奎因等（1992）提出了分析组织有效性的框架——对立价值框架，同时奎因还提出了对立价值理论模型，进一步分析了企业内部之间的矛盾，随后该模型被运用到组织文化的测量领域。1992 年，沙因结合之前六年多的研究和咨询经验，进一步强化了对文化内容和结构的解读，并告诫领导者应该如何认识并发展组织文化，同时他还研究了组织中的亚文化等。

二、企业文化测评理论在中国的发展

第一阶段：20 世纪 80 年代至 90 年代初，企业文化理论的引进。1986 年前后，与企业文化相关的研究文章开始出现在主流管理类期刊上。这个时期理论的发展基本是以翻译企业文化著作为主，该时期对企业文化管理思想的探讨较为具有代表性的是黎红雷 1989 年出版的《走向管理新大陆》和《科学与人性：当代中国企业文化的两难选择》，跨文化视角的研究以林娜 1986 年出版的《中日美三国企业管理差异的社会文化渊源》为标志。该时期的研究成果较少，对企业文化的研究还处于认识和理解阶段。

第二阶段：20 世纪 90 年代至 21 世纪初，探讨有中国特色的企业文化建设。这一时期，相关的论著不但对企业文化的渊源、特征、功能及构成等基本理论知识加以总结，对中国企业文化的民族特色、制度特色、建设模式和建设机制等也加以探讨。这个时期企业文化研究还停留在相对粗浅的阶段，但是对于推进企业文化理论在中国的发展具有重要意义。占德干、张炳林（1996）进行了关于中国企业文化构建的一项实证性研究。随后王重明（1998）引进了中国台湾学者在企业文化方面的研究成果，不但将港台学者与霍夫斯泰德一脉相承的定量研究范式引入进来，同时也丰富了中国企业文化研究的心理学视角。陈春花（1999）采用了沙因的"整体阐释性"研究方法和分析框架来解释企业文化。赵琼（2001）对比了国际企业文化理论的发展，对中国企业文化理论与实践的发展进行了总结。该阶段基本完成了引进国际视角和反思国内发展的任务。

第三阶段：21 世纪初至今，国内研究与国外发展进程接轨。进入到 21 世纪后，中国企业文化理论研究发展突飞猛进，一批国际上主要流派的代表性研究著作被引入国内，夯实了基础理论的深度，提供了更加开阔的视角。企业文化论著和研究文章的数量出现爆炸式的增长，质量方面也有明显提升。企业文化理论研究在视角选择上呈现多样化，涉猎主题更具丰富性，研究方法的规范程度都有了质的飞越。

三、企业文化测评的模型

哈里森（1975）首创针对"组织意识"的测量工具，他将"组织意识"划分为四种类型，分别是权力、角色、任务和自我。20 世纪 80 年代，企业文化测评工具的研究成果颇丰，格拉泽（1983）开发出组织文化测量OCS模型，同年基尔曼和萨克斯顿开发出用来测量行为形式的文化差异测量CGS模型，库克和莱弗特（1986）开发出了OCI测量表，该测量表可以用于测量企业员工的日常行为特征，为企业文化调整提供依据。萨什金和富姆（1985）开发出了组织信仰问卷OBQ，该问卷能够对企业员工的价值理念和思想状况进行深入了解。霍夫斯泰德等（1990）提出了组织文化测量模型，该测量模型包括了六个要素，分别是过程、结果、工作、职业化、规范和实效。奥莱利和查特曼（1991）构建了OCP量表，该量表与OBQ问卷具有相似之处，不同点在于OCP量表更加重视研究组织和个人的契合度。除此以外，许多学者对奎因的对立价值框架产生了浓厚的兴趣，在对立价值模型的基础上又衍生出了文化契合性模型、组织文化类模型、组织有效性的竞争价值模型。

丹尼森等（1995）对五个组织进行了研究，并通过对收集到的资料进行分析总结，构建了测量组织文化的模型，该模型将在下文中进行介绍。霍夫斯泰德（1990）认为，组织文化应该包括两个要素，分别是价值观和惯例。加拿大学者莱恩和蒂斯特芬诺对亚洲、非洲、拉丁美洲等不少发展中国家进行调研后，开发出六文化维度系统，包括人与自然的关系、时间导向性、管理人性观、活动导向、人际关系导向和空间导向。中国台湾大学心理学教授郑伯埙开创设计了完全本土化的量表——组织文化价值观量表，他在沙因研究的基础上设计了VOCS量表，包含"科学求真、顾客取向、卓越创新、甘苦与共、团队精神、正直诚信、表现绩效、社会责任和敦亲睦邻"（周欢，2008）。北京大学光华管理学院因循国外组织文化量化研究的思路，在案例实证分析的基础上提出了七个维度，即人际和谐、公平奖惩、规范整合、社会责任、顾客导向、勇于创新和关心员工成长。陈春花（2016）列出了综合式评价的模式，她认为在中国综合式的评价模式比较常见，在指标体系中设计了"精神文化—制度文化—行为文化"三个基本维度，并逐级分解成企业文化内容构成的总体框架。笔者根据相关文献整理出企业文化测评类型示意图（见图2-5）。

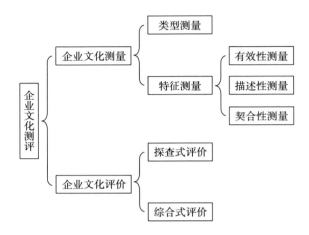

图 2-5　企业文化测评类型

资料来源：笔者根据相关文献整理而成。

第二章

服务型企业情感要素概述

第一节 情感要素的基本内涵

情感要素的基本内涵包括情感要素的含义、正面情感与负面情感、情感要素的目标、情感要素的功能等方面的内容。在了解情感要素含义的过程中需要掌握感性情感要素与理性情感要素的相关内容。情感要素激励功能、协调功能、导向功能、聚合功能、互补功能达到营造和谐的氛围，激励企业员工，进一步提高企业效益的目标。

一、情感要素的含义

情感是人们在日常的生活工作中对他人和事物的一种好恶倾向，是对心理状态的一种反映。在服务型企业中，情感要素蕴含在所有的员工之间，无论其身处何种地位，负责什么工作，只要他与人交往，那么情感要素便会在其中产生影响。若是建立了良好的情感关系，那么人与人之间会逐渐产生亲切感，相互的吸引力和影响力也会不断增加，这对于和谐员工之间的关系，提高团结协作的能力具有相当重要的促进作用。情感要素是人们识别价值、表达情绪、区分好恶、计算得失、选择方法的一种重要工具，人们通过情感要素计算自己的行为所能产生的结果，并选择最优的方案。顾客的消费需求包括形式理性和形式非理性两个层次，他们不仅要求获得准确高效的服务，同时在心理上还希望获得满意和愉悦（Campbell，1987）。服务型企业员工在提供服务时，不仅要付出体力和脑力劳动，同时还必须付出情感性劳动（Hochschild，1983）。

情感要素的本质是一种主观意识，是人脑对于人际关系和价值判断的主观反映，它包括感性情感要素和理性情感要素。感性情感要素主要是指人们针对他人和客观事物所发出的感官刺激而产生的一种感觉取向，是一种浅层的情感表达，而理性情感要素则是人们在受到他人和客观事物的刺激后，经过理性思考而形成的一种感觉取向，此时这种情感表达已经进入了更深的层次，可以成为一种价值取向。情感要素是一种特殊的认知，是认知的升华，它侧重于从个人的心理角度出发去对他人和客观事物进行认识和评价。

在对服务型企业情感要素进行研究时，必须立足于服务型企业，对其中的情感要素进行剖析。情感要素就是在服务的过程中充分发挥情感性劳动的积极作用，最大限度地为顾客创造情感价值（何建华，2007）。服务型企业的企业文化中蕴含着情感要素，但是情感要素也存在一定的差异。第一，服务型企业情感要素中存在趋性情感，这种情感要素属于感性情感要素的一种，是最基本的价值评价方式，其表达的情感只有"逃避"和"靠近"两种。第二，服务型企业情感要素中存在刚性情感，这种情感要素是员工在服务型企业长期工作环境下逐渐形成的一种反射情感，其不容易发生改变，缺乏灵活性，也是感性情感要素中的一种。第三，服务型企业情感要素中存在弹性情感，这种情感要素同样是员工在长期的工作中逐渐形成的，但是通过进一步学习和自我提高，员工开始根据不同的环境和条件调节情感表达，属于最基本的理性情感要素。第四，服务型企业情感要素中存在理性情感，顾名思义，这是理性情感要素的高级形态，企业员工在长期的工作中通过不断地接受企业培训、文化熏陶和自我提高，逐渐形成具有多价值层次的、辩证统一的、高度理性的情感，能够清楚地分辨是非，懂得根据环境变化调节情感表达方式，往往会为了企业的价值而主动激发自我动力。

二、正面情感与负面情感

对情感要素进行研究是企业管理理论发展的必然结果和企业不断发展的必然要求。有学者认为，情感要素可以作为企业发展资本中的一个组成部分，应当对情感要素进行剖析，尤其是情感要素不仅具有正面情感，同时还具有负面情感。正面情感对于激励员工、凝聚力量具有促进作用，而负面情感则会使员工的工作积极性受到打击，只有让员工具备正面情感，他们才会有愉快工作、乐于奉献的精神，从而愿意并且能够为企业的发展不断贡献才智、创造价值。

正面的情感有许多的表现形式，如积极上进、服务心理、空杯心态等。积极上进的情感使员工不满足于现状，会主动努力拼搏，激流勇进，自己为自己负责。服务心理可以使员工真诚地为他人服务，能够换位思考，与客户平等交流、接触，向客户传递愉悦和价值，这对于服务型企业而言是极为重要的。空杯心态可以引导企业员工懂得谦虚，时刻学习，让自己更加充实。责任心态激励企业员工敢于承担责任，习惯于把问题留给自己，勇于承担起自己职责范围内的责任。阳光心态使员工能够保持乐观的情绪，心情更加阳光，以积极的态度去解决一些问题。知足心态促使员工能够以一颗平常心，立足本职工作，爱岗敬业，做到"人人为我，我为人人"，把给予当作感恩，把感恩当作奉献。诸如上述能够引导员工积极向上、保持乐观心态的情感都属于正面情感。

与正面情感相似，负面情感的表现形式也多种多样，以愤怒、恐惧和悲伤最具有代表性。愤怒是工作中普遍存在的一种负面情绪，它往往是由于被误解、嘲讽和辱骂形成的，愤怒会使员工精疲力竭，破坏他们的工作积极性，抑制他们的认知能力。恐惧是人的本能之一，它一般是由于一些消息和信息的传播导致人们产生悲观的情绪。当恐惧情感产生时，企业员工有可能做出逃避的行为，有学者认为恐惧最容易引起员工辞职的念头。悲伤是最不受欢迎的一种负面情感，它会导致员工逃避那些可能会引起不快的工作，并且最终陷入更深层次的悲痛，变得更加冷漠。

本书的研究正是为了寻找出进一步发挥正面情感作用的途径，降低负面情感的影响，从而增强情感要素在企业文化建设中的积极作用，最终通过企业文化建设提高服务型企业的核心竞争力。

三、情感要素的目标

首先，打造和谐的氛围。情感要素的目标首先是和谐企业员工之间的人际关系，使企业员工能够处在和谐的氛围当中。服务型企业构建和谐的人际关系具有重要意义，这是服务型企业可持续发展的现实需要。可持续发展是服务型企业的目标之一，而和谐是发展的基础，没有和谐的氛围，那么可持续发展便只是空谈。打造和谐的工作环境、构建和谐的人际关系便是情感要素的目标，情感要素在以人为本、科学发展、协调沟通、共建共享原则的指导下，希望实现员工之间关系和谐、员工与工作环境和谐、企业与客户关系和谐，真正做到尊重人、理解人、关心人，打造出和谐的氛围。

其次，激励企业员工。激励企业员工是情感要素的重要目标，情感要素希望通过情感激励的方法进一步增强企业员工的荣誉感和自豪感，挖掘企业员工的积极性和创造性。情感要素通过尊重激励的方式让企业员工的价值和地位得到重视，使员工不仅为了获得报酬而工作，而是为了实现自己的价值而工作。情感要素通过参与激励的方式让企业员工参与到企业的管理工作当中，创造机会让员工体会到主人翁地位，进一步增强企业员工的归属感、认同感，满足他们的自尊心和实现自我价值的愿望。情感要素通过培训和发展的方式让企业员工能够不断地汲取新知识，增长见识，提高技能，给员工提供学习和发展的机会，满足他们自我进步、自我发展的需求。情感要素通过荣誉激励法满足企业员工的自尊需要，让企业员工得到自我肯定和他人肯定，激发员工开拓进取的精神。

最后，情感要素的根本目标是为了增强企业核心竞争力，提高企业效益。情感要素会"激励员工的意志力，增强企业的凝聚力，营造企业良好的创新文化氛围"（艾亮，2012），实现企业的可持续发展。企业员工与客户都是一个个特征鲜明、情感丰富的人，而服务型企业的核心竞争力便在于如何使企业员工在提供服务时传递积极情感，让客户在接受服务的过程中享受情感力量。情感要素希望通过发挥自己的功能使企业员工、客户都产生愉悦等积极情感，使企业员工获得正向激励，使客户觉得获得了情感上的满足。

四、情感要素的功能

在知识经济时代，以人为本的管理方式逐渐成为服务型企业管理的主流，作为以人为本管理方式的一种重要因素，情感要素无疑具有重要的功能。情感要素注重企业员工的情感表达，"充分挖掘员工的才能、智慧、激情、创造力和想象力等这些看不见的因素"（王慧，2009）。从某种意义上看，情感要素已经成为服务型企业管理中不可或缺的"手"，一只"看不到的手"。企业管理者通过以心交心的真挚情感与员工交往，进一步满足员工的情感需要，进而调动员工的积极性、主动性和创造性，在人际交往过程中酝酿正向情感氛围，最终达到有效管理、可持续发展的目的。在服务型企业中，服务人员与顾客直接接触，员工的组织公平感和情感与顾客的服务公平感和情感会相互影响（温碧燕，2006）。综合而言，情感要素具有五个方面的功能，分别是激励功能、协调功能、导向功能、聚合功能和互补功能。

一是激励功能。激励功能是情感要素最基础的功能，主要强调通过情感感染和精神满足来调动企业员工的情绪，将正能量传递给企业员工，使他们能够在日常的工作中始终保持高昂的士气和昂扬的斗志，激励他们在工作中发挥出百分之百的工作效率。

二是协调功能。情感要素的协调功能与普通的管理协调方式存在很大的区别，与其他管理协调方式以硬性要求来达到协调的目的不同，情感要素在实现协调功能的过程中主要以沟通的方式进行，通过与员工交流，深入了解员工思想、意识、情感，抓住协调工作中的主要矛盾，致力于解决员工内心潜在的问题，达到情感和工作的协调。

三是导向功能。情感要素的导向功能主要是指其能够将企业的战略思想、发展目标和组织意志深入员工的脑海，使企业员工能够主动转变自己的思想、行为和价值取向，与企业的发展相适应，与企业的道路相一致，"润物细无声"地产生效率和效益。

四是聚合功能。情感要素的聚合功能主要体现在和谐企业员工之间的人际关系上，企业员工通过情感表达与交流，加深相互了解，拉近相互之间的距离，形成互助互爱的和谐的人际关系，将所有员工的心聚合在一起。

五是互补功能。情感要素的互补功能主要是指服务型企业在日常的管理中，制度管理过于刚性、硬性和机械性，这在一定程度上引起员工的逆反心理，而将情感要素融入管理当中，有助于使企业管理富有情感和弹性，在管理上达到相辅相成、相互补充的作用。

第二节　情感要素与企业文化

一、情感要素对企业文化的作用

作为企业文化中的一个重要部分，情感要素的存在无疑有着深刻的原因。企业文化中蕴含着情感要素首先是基于人本性的考虑，在以人为本管理理念的要求下，企业的日常管理要更倾向于考虑员工的情感问题，这不仅是企业文化创新的新领域，同时也是建立学习型企业文化和协作型企业文化的需要。

基于人本性的考虑。人是地球上的高级生命，人与其他动物的区别不仅在于人们会利用工具劳动，会进行感性和理性的思考，同时也在于人类拥有极为复杂的情感。在以人为本的管理理念下，服务型企业文化的塑造和发展将会倾向于情感表达，这是基于人本性的考虑。员工"在为企业服务、工作的过程中，自然也会流露出自己的各种情感情绪"（辛科、邢宝君，2006），甚至在某些情况下，企业员工会无法抑制个人情感，将负面情绪宣泄出去，向公司和客户传递负能量。必须说明的是，情感表达是人类的本能，不能一味地指责宣泄行为，或进行批评，或予以处罚，而是应当有意识地进行引导。基于人本性的考虑，企业文化将情感要素作为重要的组成部分，为员工创造充满爱的工作环境，希望以软性力量来引导企业员工，将如何控制情感灌输进员工的脑海之中。

情感要素是创新企业文化管理的新领域。企业文化管理是服务型企业管理的高级形式，而情感要素则是创新企业文化管理的新领域，为企业文化管理的革新提供了新的思路。服务型企业通过将情感要素融入企业文化当中，做好情感要素的推广和深化，扩大情感宣传，倡导员工情感交流，不仅能够让企业员工树立正确的价值观，强化责任感，增强事业心，同时还可以提高企业对外的柔性形象，提高顾客的好感度。若是企业文化管理过程中能够将情感要素的要求概念化、规范化、制度化，那么将有可能使企业员工形成与企业战略目标相一致的价值观念，并在日常工作中运用情感管理各项事务，最终形成优秀的企业文化管理模式。

情感要素是建立学习型企业文化的需要。人才资源与企业的其他资源不同，人才资源的主体是人，一个人在不同的环境下所能发挥的作用和价值并不一样，有可能在一个环境中人才得到了增值，而到了另一个环境中却只能贬值。贬值的环境暂且不提，针对增值的环境而言，一个环境能够使人才的作用得到充分发挥，实现其最大价值，那么这个环境就是学习型企业环境，其所蕴含的文化就是学习型企业文化。学习型企业文化能够营造有利于员工自我学习、主动交流、不断成长的氛围，其中一项关键的要素就是鼓励员工间实现互动交流，促进员工更新知识。从这一角度看，情感要素无疑发挥了相当重要的作用，尤其是在和谐员工人际关系、促进员工主动交流方面作用明显。在情感要素的催动下，学习型企业文化将会具有更加明显的调动作用，使企业员工更加乐于交流、乐于学习。

情感要素是建立协作型企业文化的需要。企业未来的竞争是企业文化和人才的竞争，尤其是对于服务型企业而言，是否能够建立协作型企业文化关乎未来的生存和发展。在建立协作型企业文化的过程中情感要素的作用至关重要，企业的管理者需要给予员工个人空间和情感支持，鼓励员工加强相互之间的沟通协调，在沟通和情感投入的基础上建立协作型企业文化，如此才利于成员组织之间的合作和交流，增强员工的协作能力，将个人目标、团队目标和企业目标统一，为企业的长远发展提供核心竞争力。

人的思想是极为复杂的，每一个人都有不同于他人的思维方式和情感表达方式，在处理问题时情绪的表达也不相同。但是即使企业员工的情感世界纷繁复杂，如果能够以情感要素为立足点，创新企业文化，那么就能够在很大程度上让企业员工认同企业的目标、价值观和精神，这对于激发企业员工的积极性和创新性具有积极意义。

二、情感要素在不同服务型企业活动中的体现

虽然情感要素在服务型企业中的作用和表现形式都有相似之处，但是不同的服务行业情感要素的体现还是存在差异的。例如，航空公司要求每一位女员工都要在面部表情和肢体语言上体现出柔和的色彩；餐饮业要求服务人员保持微笑；司法工作者需要显示出与其职业相符合的情感，即严肃；幼儿园女教师的情感较为复杂，不仅要表现出母亲般的温柔，还要拥有严厉的一面。

美容业是服务型企业中需要情感维系的一个行业，除了美容技师的专业技能外，情感要素的作用也具有重要意义，真情的交流会使顾客产生近距离的美感。与其他行业不同，美容业并不是把客户当成上帝那样敬畏，这样的行为往往会使客户产生距离感，而是应该用对待亲人那样的心情，建立真正的情感链接，例如，记住顾客的名字，注重微笑服务，关爱顾客，仿佛正在为自己的亲朋好友服务，重视顾客的每一个细节，加强与顾客的沟通，这会使更多的人认可美容业。

餐饮业是服务型企业极为重要的一个行业，它可以称为服务业的驱动力量之一。情感要素也是餐饮业可持续发展的重要元素，餐饮业的发展不仅要看食品的安全和美味，同时还与情感要素密切相关。以全国闻名的海底捞为例，海底捞的食品安全和美味是得到一致认可的，但是比食品安全、美味更令人惊叹的是它的管理和服务。就管理方面而言，海底捞极为关心员工的成长与发展，为员工做好了职业规划，上下级信息流通无障碍，拥有独特的考核制度，管理人员都从最基层做起，几乎不存在"空降"现象。就服务方面而言，笔者曾经亲自尝试用各种方法去激怒海底捞的员工，但是他们仍然报以微笑，从中体会到了一种如亲人般的包容和安慰。

微商是中国电子商务中的典型代表，对一个微商而言，真正的营销并

不是"一锤子"买卖,更多的是在交易完成后的情感维系,就是为了和客户再次达成交易。客户的复购不仅在于微商产品的物美价廉,售后的情感维系也占据着很大的权重。笔者在了解情感要素在微商行业如何发挥作用的过程中发现,真正能够不断发展壮大的微商都十分关心客户。从某些角度看,微商是把客户当成恋人对待,从而实现情感维系,他们会经常向"恋人"嘘寒问暖,保持频繁的互动,每逢佳节时会给"恋人"送上几句祝福或送一份精心准备的礼物,当有"恋人"生日时也会给他们送上祝福。以上种种行为可以体现出微商对"恋人"的情感关怀。

第三节 情感要素的核心

情感要素与企业文化中的其他要素存在差别,它的核心主要在于三个方面:一是倾听意见与沟通顺畅;二是要理解和尊重员工;三是要促进人际关系和谐。

一、倾听意见与顺畅沟通

知识型经济需要知识型员工,在建立知识型员工的信心时,企业情感文化起到了举足轻重的作用,企业需要能够让员工得到表达(朱晓蕾,2011)。情感要素的核心之一是要求企业的管理者认真倾听员工意见,为员工发表见解和做出解释创造条件。企业的管理者决不能有盲目自大的意识和行为,要听取员工的意见和建议,有时员工的一个创意和新点子就会令企业起死回生。反之,若是管理者不认真听取员工的意见和建议,以为自己的想法更加高明,许多机会就会从指尖溜走。管理者认真倾听企业员工的想法,二者保持沟通顺畅,则企业的工作氛围便会更加和谐,企业的发展也会更加健康平稳。

倾听意见与顺畅沟通要求企业的管理者重视与员工之间的交流与沟通。服务型企业在为客户提供服务时与每一个员工都休戚相关，企业每一个阶段的工作目标都要让员工有所了解，如此他们才能够立足本职工作，知道自己所在的岗位应该做什么才能够为实现企业的阶段目标提供助力。企业内部保持沟通顺畅是不够的，这种沟通还需要进一步加强，特别是沟通中需要强化情感要素，如举办各种文娱活动，让企业员工在活动中相互沟通，使情感要素得到升华。除此以外，企业还可以通过头脑风暴、面对面谈心等交流方式加强交流沟通，形成一种积极而和谐的人际关系，增强企业的团队意识。服务型企业可以通过倾听意见和顺畅沟通加深对企业员工的了解，发现有才干的企业员工，并大胆起用，放手让员工去选择自己希望工作的场所，做自己感兴趣并且自认为能够胜任的工作，突出员工的主人翁地位。

二、理解和尊重员工

理解和尊重员工是情感要素的核心之一，对于服务型企业而言也是最重要、最关键、最不可或缺的元素。管理者不但需要具备科学的经营理念、理性的思维方式，更要注重运用情感管理，从理解员工、尊重员工、爱护员工方面着手（陈啸，2010）。理解和尊重员工，将员工看成自己的伙伴甚至是家人，这是发挥情感要素作用的重要条件。每一个人都拥有自己的自尊心，渴望得到他人的承认和理解，一旦得到理解和尊重，企业员工将会获得巨大的正能量，工作会更加积极和自信。当前许多服务型企业都尝试将情感要素融入企业文化管理当中，也是希望能够让管理者和企业员工相互理解和尊重，让每一个员工都感受到自己存在的价值。

理解和尊重对于服务型企业无疑是极为重要的，从普遍意义上看，服务型企业特别是从事体力劳动的服务型企业的员工地位并不高，他们辛辛苦苦、笑容满面地服务于客户，甚至可以说是毕恭毕敬，无论客户如何刁难责怪，服务人员都需要好声好气的解释。服务型企业的员工最担心的便是被顾客投诉，这涉及他们的奖金、工资和晋升，严重情况下还可能遭到解雇。因此，情感要素强调理解和尊重：一方面是希望企业员工能得到顾客的理解和尊重，有矛盾要以对话沟通的方式来解决，而不是用投诉甚至是骂人、打人这样的方式来解决；另一方面，是希望企业员工能得到公司的理解和尊重，给每个员工平等的机会，使其得到公平、公正的对待。

三、促进人际关系和谐

情感管理是一种立足于人性、人情而实施的新管理艺术，情感要素对自我控制情绪具有积极意义（葛荣晋，2007）。人际关系是人们在物质和精神交流过程中逐渐形成的一种往来习惯和相互认知，例如，家庭关系、工作关系、师生关系等，这些都属于人际关系。情感要素的核心之一便是促进服务型企业人际关系的和谐，具体而言，就是在企业当中建立互助互爱、和睦协调、充满正向精神的人与人之间的关系。互助互爱需要企业员工能够互相关心、互相帮助、互相尊重，拧成一股绳，齐心协力为企业的发展做出贡献；和睦协调需要企业员工能够加强沟通，相互理解，协调一致，避免矛盾的产生，即使有矛盾也要以沟通协调的方式解决；充满正向精神就是释放企业员工的工作热情，不断提高他们的工作效率。

情感要素有助于引导企业员工之间相互理解、相互尊重、相互体谅、相互包容。人与人之间时常会产生矛盾，如不小心说错话、办错事都有可能引发矛盾，此时，情感要素会引导企业员工以友善的态度，宽容、谅解他人，进而化解矛盾，为促进人际关系的和谐发挥积极作用。情感要素在促进人际关系和谐的过程中，要求每一个员工都必须真心地关心企业的发展，愿意主动维护企业和谐的氛围，不断增强企业的凝聚力和向心力，把所有积极的、正向的因素都调动起来。

第四节　情感要素的运行逻辑

服务型企业情感要素并非无中生有，它的运行遵循着一定的逻辑规律，如心灵契约、心理关怀、协调系统等。

一、心灵契约

心灵契约是服务型企业文化中情感要素需要遵循的运行逻辑之一。阿吉里斯（1960）将心理契约这一术语引入管理领域，谢恩（1965）认为，企业当中存在着心理契约。心理契约即心灵契约，虽然这种契约并非以合同等有形的形式表现出来，但是它的的确确在发挥着类似于契约的功能。服务型企业通过对员工的心理期望和情感认知进行了解，并满足员工的合理性需求，从而达成心灵默契，这种默契可以通过信任、感激、承诺等形式表现出来，进而使企业员工在心灵契约的引导下实现自我管理、自我发展，与企业由纯粹的合同雇佣关系转变为心灵契约的伙伴关系。

情感要素是企业文化的构成要素之一，它可以通过心灵契约的形式发挥作用。心灵契约是通过心理暗示的方式对企业员工进行激励或引导他们的行为。企业文化是"企业在长期的生产经营过程中形成的管理思想、群体意识和行为规范"（赵海燕，2011），以及在此基础上逐渐衍生出的经营理念和发展思想等。企业文化的形成会对员工有不同方面的影响，而这种影响是通过心灵契约体现出来的，作为企业文化构成要素之一的情感要素也是如此。心灵契约的形成就是企业员工对企业文化、企业核心价值理念、情感要素的一种认同，并根据心灵契约的引导做出相应的行为。

心灵契约与实体的合同契约存在许多方面的差异，二者各有优劣，不能说哪一种更好。心灵契约是一种隐性契约，而非实体存在，是一种非正式的，通过情感的链接而达成的非正式合同，由于缺乏实体证明，因此心灵契约时常会被重构或者推翻。与实体性合同契约不同，心灵契约是随着情感要素的变化而变化的，是一种动态契约，而实体合同一旦签订则无法更改。

有学者在研究中认为，情感要素与员工的忠诚度有密切联系，当员工在情感上得不到满足时，他们对企业的信任和认同感就会降低，已经形成的心灵契约也会随之崩塌，最终会导致离职率增加。基于此，本书期望通过研究情感要素，分析心灵契约的内在逻辑，以构建心灵契约为基础增强员工的忠诚度，发挥员工的积极性和创造性。

二、心理关怀

围绕着如何构建心灵契约，服务型企业需要做到对企业员工的心理关怀，这是情感要素运行的另一逻辑。心灵契约是情感要素得以运行的基础，只有构建了心灵契约才有可能发挥情感要素的功能，实现情感要素的目标。服务型企业的利润来源于每一个员工，员工是企业持续发展的关键，若是企业一味地追求利益最大化，缺乏对员工的考虑，那么心灵契约就会被打破，于是由此衍生出了情感要素运行的另一个逻辑，即心理关怀。心理关怀需要企业建立以人为本的企业文化，在企业发展的过程中从企业员工的情感和内心的角度关心员工，真正地贯彻尊重员工、理解员工、关心员工的理念。

心理关怀强调企业在发展的过程中要打造以人为本的企业文化，营造关怀企业员工、爱护企业员工的氛围，使员工渴望得到关心和认同的心理需求得到满足，进而发挥出情感要素的各种功能。如前文所述，马斯洛提出了需要层次论，指出了人具有自我实现的需求，当人的低层次需求得到满足后，就会追求更高层次的需求。根据马斯洛的观点，践行心理关怀的过程中需要重视优化人才培养机制，因为人是不断追求自我发展的，企业员工的心中也存在着不断接受培训、不断提高自己综合素质的心理需求。

人类行为是可以受到控制的，对于服务型企业员工而言，他们的工作态度、方式、效率也是可以进行引导和控制的。企业通过心理关怀的方式满足员工的心理需求，激发员工的情感从而在心灵层面上引导控制企业员工。一方面可以通过诸如工资、奖金、提升、表扬、尊重、理解、支持"（张治忠、马纯红，2005）等形式满足企业员工实现个人心理需要，借情感要素来驱动员工；另一方面服务型企业能够在心理关怀的过程中重新建构企业文化，使有利于企业发展的行为得到承认，达到定向控制的目的，"这样就能维持其动机，促进这些行为的保持和发展"（邹晓玲、夏兆敢，2003）。

三、协调系统

情感要素运行的逻辑之一是协调系统的存在，协调系统的任务是促使企业追求效益与满足企业员工心理需求实现统筹兼顾，达到一种平衡状态，最终构建起心灵契约。美国耶鲁大学的克雷顿·奥尔德弗（1969）通过对人的需求的总结，认为人们存在生存、相互关系和成长发展的需要。美国哈佛大学教授梅奥（1933）提出了著名的人际关系理论，他认为人是"社会人"而非"经济人"，生产效率主要取决于员工的士气。梅奥关于"社会人"和"经济人"的观点对于分析情感要素运行逻辑中的协调系统具有重要的指导意义。企业员工到底是"社会人"还是"经济人"，笔者认为应该是二者兼而有之，一方面，企业员工工作的目的是为了获得报酬，满足生存需要，这体现出了企业员工"经济人"的特点；另一方面，企业员工不仅有生存需要，同时还有情感需要，他们期望得到社会认同、得到心理满足，这体现出了"社会人"的特点。基于此，服务型企业在发展的过程中需要协调好公司发展和个人发展、公司目标和员工目标的关系，不仅要考虑企业员工"经济人"的需求，同时还要满足企业员工"社会人"的需求，不能一味地追求企业效益，忽视了企业员工的心理需求。

第四章

研究假设与模型构建

第一节　研究假设

通过对众多专家学者研究成果的学习借鉴，笔者总结出了服务型企业文化中情感要素的理论模型，并提出五个假设，分别是情感要素能够提高员工忠诚度、能够激发员工积极性、能够成为企业文化建设的核心要素、能够提高客户满意度、能够提高客户忠诚度。

一、假设一：情感要素能够提高员工忠诚度

企业员工对企业是否满意是影响企业经济效益的重要因素，常用的物质激励方式虽然对于满足员工的物质需求依然发挥着重要作用，但是随着员工接受教育的程度越来越高，一成不变的物质激励是否还能如以往一样有效，这是一个值得思考的问题。对于服务型企业而言，只有充分把握员工的不同需求，以情感作为切入点，才能让激励作用更加明显。

在文献综述中，特伦斯·迪尔和艾伦·肯尼迪（1982）认为，以人性化择岗作为企业文化的重要组成部分，突出情感要素的作用，能够满足员工的个人需求，从而使员工喜欢公司，热爱自己的岗位，积极工作。毛帅（2004）认为，员工是企业的基础、是利润的直接创造者，情感能够凝聚员工，使员工为企业尽心尽力，从某种意义上看，毛帅认为情感要素能够提高员工的满意度，激发员工的积极性。郭淑琴（1999）认为，企业文化的心理运作机制涉及文化、环境、心理和行为几个关键要素，并绘制了心理现象示意图（见图4-1）以及企业文化心理运作机制图（见图4-2），这为情感要素能够提高企业员工的满意度和工作积极性提供了逻辑依据。

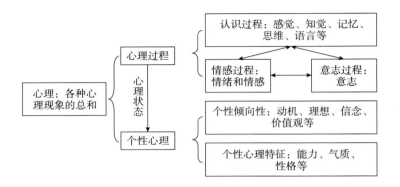

图 4-1　心理现象示意图

资料来源：郭淑琴．普通心理学［M］．北京：中国科学技术出版社，1999.

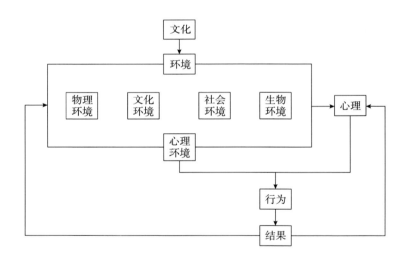

图 4-2　企业文化心理运作机制

资料来源：郭淑琴．普通心理学［M］．北京：中国科学技术出版社，1999.

　　从实践上看，坦德姆、IBM 公司等注重为企业文化注入情感要素，不断提高员工之间、员工和领导之间的情感关系，通过游戏、仪式、庆典等方式不断地拉近员工之间的距离。英特尔公司和艾迪生—韦斯利出版公司注重通过奖赏的形式来增强员工对公司的情感，进而激发员工的工作热情。在英特尔公司，当有员工出色地完成任务后，公司的领导便会将其请进办公室，并赠送巧克力豆表示赞赏。艾迪生—韦斯利出版公司将一颗铜星作为优秀证明，让其在优秀的员工手中传递，并且特别设置了本周烈士奖，用以说明即使最好的员工也会遇到困难。英特尔公司和艾迪生—韦斯利出版公司把奖赏仪式作为企业文化中的重要组成部分，不断拉近员工之间的距离，这是提升情感要素的经典案例。这些案例都表现出了情感要素对于提高企业员工满意度和忠诚度的重要作用。

二、假设二：情感要素能够激发员工积极性

从情感要素的具体运行上看，情感要素能够让企业员工对自己的工作满意，乐于沉浸在自己的工作岗位上。情感要素的核心之一是理解和尊重员工，要对员工表示信任，与传统的情感投资不同，传统的情感投资以管理者的权威作为基础，是一种表现上位者对下位者的关怀，更重视形式，而非情感。而企业文化中的情感要素则是一种发自内心的情感表达，是管理者以平常心来对待员工，没有高低贵贱之分，管理者以诚待人、以善待人，善于听取员工的意见和建议，不以权压人。情感要素要求企业要尽可能地满足员工自我发展的需求，要定期展开各种类型的培训，让员工看到自己成长的空间和方向，体会到工作的快乐。情感要素要求企业管理人员要与员工保持沟通，建立情感桥梁，培养员工正确的工作观，引导他们树立为企业贡献即实现自我价值的观念。情感要素还要求企业要倾听企业员工的意见和建议，让他们能够感觉到强烈的参与感，满足自己的自尊心。情感要素强调企业员工之间要保持沟通，互相交流，打造和谐的企业团队，营造和谐的工作氛围，让表达情感的行为产生积极的影响，使员工对工作环境更加满意。

三、假设三：情感要素能够成为企业文化建设的核心要素

服务型企业文化建设的主要目标是打造良好的工作氛围，使企业员工

能够在和谐的环境中工作。对内而言，企业文化强调协作精神，对外而言，企业文化是提高服务型企业的服务价值，而通过发挥情感要素的作用，在一定程度上能够增强企业文化的软性力量。

以实例分析，情感要素对企业文化具有重要的促进作用。联想总部大厦中"五多三少"的宣传画册或者标语体现出了企业文化中的情感要素，"五多三少"中指出，要多给他人笑脸和赞扬，少在背后议论他人。据了解，联想集团近些年为了营造良好的企业文化环境，正在大力推广"无总称谓"，高层领导将不再使用传统的具有等级性质的称谓，员工可以直呼其名。为了践行这种具有情感要素的企业文化，联想集团的高层领导曾特意在公司大门口迎接员工，每一个员工都要直呼其名才能够进入办公室。企业文化中的情感要素无疑拉近了联想集团管理者与员工之间的距离，这种具有"家"性质的、蕴含着情感的企业文化使人际关系更加和谐，使企业文化更具有亲和力，让员工发自内心地为企业工作。

情感要素对于强化企业文化的引导性具有积极作用。"最大程度地发挥企业文化的积极引导作用，对于促进现代企业的文化建设，提高战略管理的效率具有重要意义"（赵丽娟，2012）。服务型企业在塑造企业文化的过程中需要坚持以人为本，坚持以服务员工和服务客户为中心，使企业文化正能量成为增强企业核心竞争力的有力武器。在以企业文化引导企业员工的过程中，充分利用情感要素的协调功能和导向功能，对于加强企业文化的导向力度具有促进作用。如前文所述，情感要素在实现协调功能的过程中主要以沟通的方式进行，通过与员工交流，深入了解员工的思想、意识、情感，抓住协调工作中的主要矛盾，"致力于解决员工内心潜在的问题，达到情感和工作的协调"（王慧，2009）。情感要素的导向功能主要是指其能够将企业的战略思想、发展目标和组织意志深入员工的脑海，使企业员工能够主动转变自己的思想、行为和价值取向，与企业的发展相适应，与企业的道路相一致。这两个功能作用的发挥将企业利益和员工利益联系在一起，让企业文化更加具有亲和力、更加容易得到企业员工的认可和传播，从这一角度看，情感要素对于增强企业文化的引导性具有积极意义。

四、假设四：情感要素能够提高客户满意度

Sheth 等（1991）认为，客户的价值要求可以分为五种，分别是社会、情感、功能、认识和条件，其中就包括对情感价值的追求。Holbrook（1994）认为，客户追求的价值可以分为两种，即内在价值和外在价值，其中内在价值便是情感价值，客户希望在接受服务时能够获得正面的情感传递。Danaher 和 Mattsson（1994）认为，客户在接受服务时会受到情感因素的影响，获得情感传递越多的客户满意度越高。De Ruyter 等（1997）提出客户的感知和需求不同，但是他们对情感传递的需求是基本一致的，几乎每一个客户在接受服务时更加渴望得到正向情感传递。Sweeney 和 Soutar（2001）认为，情感价值是客户的需求之一，是对客户的情绪产生影响的一种元素，而且是一种重要元素。Sanchez 等（2006）以旅行产品为例，主要研究了客户接受服务时的各种需求，他们将客户的需求分为功能价值、情感价值和社会价值等方面。居于上述研究，笔者认为情感要素在一定程度上能够提高客户的满意度。

五、假设五：情感要素能够提高客户忠诚度

根据谷歌和 CEB 的研究显示，B2B 企业是最能够与客户产生情感联系的企业，当前服务型企业的经营模式主流形式为两种，分别是 B2B 和 C2B，而这两种形式是最有可能而且最需要产生情感联系的。以全球领先的网络解决方案供应商思科公司为例，大部分思科用户表示，他们选择与思科合作，是由于他们很长时间以来都与思科保持着合作关系，并且相互之间沟通顺畅，建立了一定的情感基础。换句话说，思科公司客户的忠诚度非常高。思科公司除了向客户提供专业、个性化的帮助，不断通过营销手段增加产品需求之外，还会加强客户情感上的联系，并且树立更好的自我形象。思科公司让客户认为思科在为他们提供最为贴心的服务，帮助他们避免风险，这使得思科公司获得了更多的信任，与客户产生了情感上的

联系，珍惜与他们的合作关系，从而使思科获得了盈利。

思科公司的启示在于除了经济因素外，服务型企业提高客户忠诚度更需要的是在合作初期就与客户加强沟通，建立情感通道。虽然每个客户都有不同的需求和个性，但是有一点是共同的，那就是他们也需要情感交流。服务型企业要对客户进行了解，就像了解自己一样，客户购买服务看中的不仅仅是企业提供的优质服务，还有情感服务，只有具有情感联系的客户，才能够与企业建立长期的合作。

基于对众多学者研究成果的把握以及个人的工作经验和研究分析，笔者认为情感要素能够提高服务型企业的客户忠诚度。客户为什么选择某一服务型企业，这是提高客户忠诚度最为核心的问题，当然，不能否认经济因素是一个关键因素，但是在经济因素外，还有一个因素能够影响到客户忠诚度，那就是情感要素。

第二节　理论模型

借鉴文献综述中各位专家学者的研究成果对于本书的理论模型设计具有重要意义。

丹尼森等（1995）的组织文化调查量表（见图4-3）对于本书的研究具有借鉴意义，组织文化调查量表中提出了四种大分类，分别是外部关注、内部关注、灵活性和稳定性，其中涉及的细化调查项目有助于建构一个能够描述有效组织的文化特质理论模型。

霍夫斯泰德等（1990）通过因子分析发现价值观层面的因素可以分为安全需要、关注工作和权力需求三个维度；惯例层面则显示出过程导向—结果导向、人际导向—工作导向、本地化—职业化、开放系统—封闭系统、松散控制—严密控制和重规范—重实效六对维度。图4-4为霍夫斯泰德等（1990）提出的由表及里的文化表现形式。

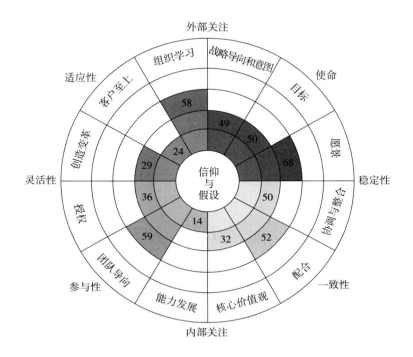

外部关注

图 4-3　丹尼森文化调查模型

资料来源：Daniel R. Denising, Aneil K. Mishra. Toward a Theory of Organizational Culture and Effectiveness [J]. Organization Science, 1995, 6 (2)：204-223.

　　加拿大学者莱恩和蒂斯特芬诺开发出了六文化维度系统，其中管理人性观中对组织员工本性的基本假设和人际关系导向中人们活动的价值取向对于本书理论模型的构建具有借鉴意义。

　　陈春花（2016）结合中国的实际情况，重新构建了具有中国性质的企业文化评价模型（见表4-1）。她主要将企业文化的评价分为精神文化、制度文化和行为文化三个维度，并根据不同维度的内容划分了二级指标和三级指标。在笔者看来，表4-1中儒家价值观观念指的是儒学的核心，即"仁"，仁者爱人，就是本能地与人为善，这是一种精神、一种积极的人生态度，这种精神经由2000年来的志士仁人而凝聚为中国的正能量。

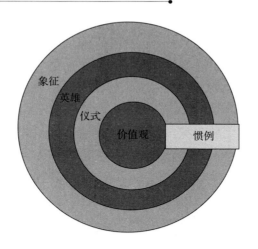

图4-4　庄表及里的文化表现形式

资料来源：Hofstede G.，Neuijen B.，Ohayv D. D.，Senders G. Measuring Organizational Cultures：A Qualitative and Quantitative Study Across Twenty Cases［J］. Adminis-trative Science Quarterly，1990，35（2）：286-316.

表4-1　民营企业文化构成指标（简表）

一级指标	二级指标	三级指标
精神文化	企业家及员工价值观	儒家价值观念
		……
	英雄人物认知	人际关系好的人的认可程度
		……
	企业凝聚力	员工的共同理想
		……
制度文化	企业制度	薪酬制度的合理性
		……
	工作倾向	对员工的关心过问程度
		……
	客户导向	产品和服务的最终评价标准
		……
	企业民生	上级考虑下级意见的充分性
		……

续表

一级指标	二级指标	三级指标
行为文化	领导者作风	领导的倡导和示范
		……
	组织学习	学习作为工作内容的重要性
		……
	社会责任	环保意识
		……

资料来源：陈春花等．企业文化［M］．北京：机械工业出版社，2016.

　　丹尼森等的组织文化调查量表、霍夫斯泰德等由表及里的文化测评形式、莱恩和蒂斯特芬诺的六文化维度系统、陈春花关于中国企业文化构成的指标测评，是本书构建理论模型的重要指导，尤其是陈春花将企业文化测评与中国的实际相结合提出的三个维度最为重要。借鉴以上专家学者的研究成果，本书提出了自己的理论模型，如图4-5所示。

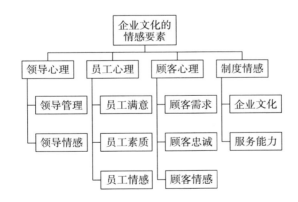

图4-5　服务型企业文化建构中情感要素理论模型
资料来源：笔者自绘。

第三节　变量测量

如前文所述，在理论模型框架下，本书主要对广西新生活后勤服务管理股份有限公司的员工和客户进行了问卷调查和访谈，内容涉及理论模型中第二级的元素，包括领导管理、领导情感、员工满意、员工素质、员工情感、顾客需求、顾客忠诚、顾客情感、企业文化、服务能力十个变量。由于十个变量中需要测量的元素较多，因此本书将采用问卷与访谈相结合的形式进行测量。

一、领导管理

要进一步探索情感要素对于服务型企业文化建构的作用，需要对领导管理有所了解。对于服务型企业的管理者而言，他们应该具备以下几项能力：一是沟通能力。管理者的沟通能力是情感要素发挥作用的重要条件，若是管理者的沟通能力欠缺，与企业员工的沟通不顺畅，那么极有可能造成情感要素作用发挥不够充分。二是协调能力。情感要素具有协调功能，它以沟通的方式进行，管理者通过与员工交流，深入了解员工的思想、意识、情感，抓住协调工作中的主要矛盾，致力于解决员工内心潜在的问题，达到情感和工作的协调。三是规划能力。管理者规划能力的强弱直接决定了企业能否实现可持续发展，管理者必须拥有战略眼光，能够深谋远虑，在适宜的情况下让员工了解公司的战略目标，才不会让员工迷失方向。四是执行能力。管理者的执行能力包括分派工作、人力协调、化解员工纷争等。五是培训能力。情感要素要求管理者能够满足企业员工的心理需求，其中之一便是实现企业员工的自我发展，因此培训能力也是领导者需要掌握的能力。

在问卷调查中，本书主要调查了答卷人对新生活公司的整体印象，新生活公司的管理是否值得称赞，对新生活公司的管理如何评价，新生活公司的领导是否有远见卓识、决策能力强。在访谈中主要是更深层次地了解新生活公司的管理者对以上五项能力的具体掌握情况。

二、领导情感

情感是一种极具人性化的力量，领导情感犹如一只"看不见的手"，可以触碰到企业员工的内心深处。服务型企业的领导者在管理企业的过程中不仅要以规章制度来约束企业员工，更重要的是需要与下属进行沟通，"着眼于与下属的情感交流，善于对下属情感化"（刘波，2010），善于走进下属的内心世界，从而实现工作的最佳效能。服务型企业的管理者与员工之间的关系是人际关系中的一种，这种关系与亲属关系一样也存在着情感联系，如果管理者与员工之间能够构建情感桥梁，那么企业员工就会对管理者产生亲切感，进而对企业产生一种"家"的感觉。这种情感不仅能更好地使企业员工完成管理者交代的任务，而且可以成为促使企业员工不断上进的动力。若是管理者对员工冷漠无情，不尊重和理解他们，总是摆架子、逞威风，那么必然会使企业员工对管理者产生不满，进而对企业产生厌恶感。

人是富有情感的生物，当企业员工在温馨如家的环境中工作，管理者如长辈或亲人一般，相互之间尊重、理解和容忍，这必然会调动员工的积极情绪，他们会感到愉悦，工作热情就会进一步提高。反之，若是管理者将企业的工作环境营造成尔虞我诈的角斗场，那么企业员工的情绪就会低落，每天都会战战兢兢，工作热情就会大打折扣。本书对领导情感的测量是想通过问卷和访谈对管理者进行深度了解，分析管理者是否用真诚的爱对待企业员工，是否倾注自己的感情，用正向精神去引导企业员工，是否真正地做到以情感人、以情管人、以情育人，尤其是进一步了解企业的管理者对企业文化的建设工作是否到位。

三、员工满意

企业员工满意是指员工对企业的实际感受与其预期愿望进行的比较，实际感受越接近或者远超预期愿望，那么员工的满意度就越高，有的学者认为企业员工的满意度也可以看成是幸福指数，是衡量员工在企业中是否幸福的标准。员工的满意度是一个相对概念，不同的员工由于期望值并不相同，所以是否满意具有较强的主观性，情感要素在对企业员工进行影响的过程中会引导员工在设定期望值时与公司的实际情况相结合，使员工的满意度不断提高。

根据研究，了解员工的心理状态，把握他们对企业的期望，一方面对企业员工的期望进行引导，另一方面使企业根据员工的需求进行转变，这有助于提高员工的满意度，降低员工的流失率。企业员工之所以会满足，主要是某种愿望得到了实现，美国心理学家赫兹伯格用表格的形式描述了企业员工对价值观和情感的需求，特伦斯·迪尔和艾伦·肯尼迪在赫兹伯格的基础上将表格加以完善。

本书认为员工满意度是员工对其工作中各项因素的一种实际和期望的对比结果，有研究认为员工的满意度每提高3%，则客户的满意度将会提高5%，员工满意度超过80%的企业，其平均利润率将会大幅增加，约比同行高20%。企业员工的满意度涉及工作环境、同事关系、工作内容、企业背景、个人心理等方面，本书将问卷调查与访谈相结合，问卷中主要了解除经济因素外新生活公司对企业员工中影响最大的要素，其他企业若是提供相同的岗位但是报酬更高，企业员工会做何选择，相关测量要素如图4-6所示。

四、员工素质

员工素质是指企业员工在工作中所应具备的知识、技能、思维及其他能力，对于服务型企业员工而言，员工素质是企业员工在提供服务时必须

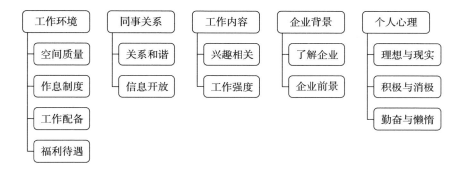

图 4-6　员工满意的相关测量要素

资料来源：笔者自绘。

具备的服务意识、服务知识、服务技能、服务情感等。在结合情感要素对员工素质进行测量时，本书主要是对企业员工的服务情感素质进行了解和测量，包括沟通能力、自我激励能力、理性思维等。如在问卷中了解对企业员工最有吸引力的学习、环境、薪资或者同事关系，是否对企业文化的发展提过合理化建议，等等。

五、员工情感

在研究员工情感前，有必要提及 80/20 法则（The 80/20 Rule），该法则又称为帕累托法则、帕累托定律等，是由约瑟夫·朱兰（Joseph M. Juran）根据维尔弗雷多·帕累托对意大利 20% 的人口却掌控着 80% 财产的研究进一步推论而来。80/20 法则在许多企业中占有重要指导地位，特别是对于服务型企业而言，由于基层员工所从事的工作大多为体力劳动，因此许多管理者认为企业中 80% 的效益是由 20% 的中层和高层领导创造的，这在一定程度上使管理者对一线岗位上的员工关心程度较低。对员工情感进行测量更主要的是了解企业员工是否得到鼓励、关心和尊重，分析企业员工对管理者的微笑问候、嘘寒问暖有何反应。

对员工情感的测量主要是围绕以下两方面进行的，一是员工对工作环境的情感，即员工对企业营造的自由氛围、"家"文化和人人平等的工作环境是否认可，是否对工作环境抱有一定的情感认同。二是了解企业员工在企业中是否得到尊重和认可，马斯洛提出了需要层次理论，企业员工具有爱与归属、受到尊重和自我实现的需求。根据马斯洛的观点，在对员工情感进行测量时需要了解企业员工是否被视作公司大家庭中的一员，是否得到公平的对待、是否感受到了爱，在企业中是否拥有"主人翁"的心态。据此，在问卷调查中主要提出企业员工是否将公司视为第二个家，当知道身边的同事需要帮助时是不是会主动伸出援助之手，是否拥有主人翁意识等。

六、企业文化

企业文化也可以称为组织文化，它是由价值观、精神、情感、信念、仪式等构成的一种文化现象，它反映在企业日常运作过程中的方方面面，贯穿于企业发展的始终。企业文化的产生并非偶然，它的产生是与企业生产经营活动联系在一起的，企业文化运用价值观、精神观、道德观、行为观、情感观来引导企业发展，许多学者认为价值观是企业文化的核心，关于这一观点笔者认为需要进一步探讨，但是笔者认为情感要素对于企业文化的发展具有重要的促进作用，并做出情感要素能够成为企业文化建设核心要素的假设。因此，对于企业文化的测量主要围绕情感要素与企业文化的关系展开。

企业文化是企业的灵魂，是企业实现可持续发展的原动力，企业文化中的情感要素对于强化企业文化具有一定的促进作用。企业文化的第一层次是外在文化，包括企业的硬件设备、工作环境装饰等，这是一种"硬文化"；企业文化的第二层次是制度文化，包括企业的各项规章制度等；企业文化的第三层次是精神文化，这一层次的文化现象与情感要素具有密切联系，是企业的"软文化"，这一层次的文化现象是本书测量的重点。在问卷中主要是了解企业员工对集团企业文化的了解和认可程度，对企业文化的重要性认识等，在访谈中了解情感要素对于企业文化发展的作用。

七、服务能力

服务能力是指企业员工为他人做事的能力，能够使他人满意的程度。本书对服务能力的测量主要是通过了解情感要素与服务能力之间的关系，进一步挖掘情感要素对提高服务能力的作用。

日本的极致服务理念对于本书的研究具有积极意义。如果带着学习的视角来看日本，会发现日本的极致服务理念对于将情感要素融入企业文化具有重要的促进作用，因此下文将以日本东京的迪士尼和 MK 出租车公司进行案例分析。为了研究情感要素与服务能力之间的关系，笔者到日本进行了实地调研，在日本几天的极致服务体验和学习的过程中，发现无论是全日空、无印良品、迪士尼还是养老公寓，这些企业的管理者在谈起如何做好服务时，都会用一个词来形容服务——"Omotenashi"，意为想为客户提供服务和照顾的好心情，因为日本一些知名服务型企业都用心做到了"Omotenashi"，才真正地做到了极致服务，这是情感要素提高服务能力的重要体现。

对于服务型企业而言，企业员工的服务能力是无形的，难以进行量化测量，在对新生活公司进行问卷调查时医院护工的服务能力如何衡量，无论是以服务人数、陪护时间或是以客户的满意度作为测评标准都不够合理，因此本书只能以问卷和访谈相结合的形式进行测量。在对问卷进行设计时主要是了解企业员工是否受人尊敬，"阳光心态"是否能够激发企业员工的积极性，微笑服务是否能够得到正面的回应，新生活公司特色的企业文化"怀大爱心做小事情"能不能提高企业员工的服务水平。

八、顾客需求

对于服务型企业而言，顾客需求是指客户期望购买到的服务，服务型企业在全面掌握客户的需求后为其提供服务。服务型企业需要掌握客户的需求特点，总结出不同层次和群体客户的需求、行为模式和偏好，并根据不同层次的客户需求提供不同档次、不同特点的服务。不同层次和群体的客户对于服务型企业的情感要素需求并不相同，如医院护工所提供的服务就需要具有强烈的情感要素，使病患在养病期间获得心理安慰。

本书对顾客需求的测量主要是进一步了解客户在获得服务的同时对情感服务是否有明确或不确定的需要，在员工的服务能力无法满足客户需求时，情感要素是否能够化解矛盾。在问卷设计时了解客户如何看待服务型企业的文化建设，客户对将情感要素作为企业文化核心有何看法，了解客户对企业文化活动硬件和软件的需求。

九、顾客忠诚

对于服务型企业而言，顾客忠诚是指客户对企业所提供的服务表现出较高的认可度，从信任转变为依恋或者爱慕的情感，主要包括情感忠诚、行为忠诚和意识忠诚。情感忠诚主要是客户对于企业的文化建设和服务水平、服务理念表示高度认可和满意；行为忠诚表现在客户多次重复选择购买同一企业的服务；意识忠诚则是表现在客户将来愿意选择同一企业进行合作或者购买服务的意向。在实践过程中，顾客忠诚被定义为客户长期、连续购买同一企业的服务，对该企业的服务表现出较高的认可和依赖，在情感上忠诚于该企业的服务。关于顾客忠诚的层次，最低层次的客户对企业没有忠诚度，这类客户不关心企业发展，仅以经济因素作为购买服务的依据；第二层次的客户对企业提供的服务表示满意，并习惯于接受同一企业的服务，其购买服务的关键词是"习惯"，而非"情感"，因此这类客户在主客观条件发生变化时有可能会选择别的企业；第三层次的顾客忠诚是客户对企业提供的服务有了偏爱心理，这种偏爱心理源于企业之间的竞争，是在对比选择过后对企业的认同，并由此上升到信赖和偏爱，客户与企业之间初步建立了情感桥梁；第四层次也是最高层次的顾客忠诚，客户对企业忠诚度极高，企业与客户之间的情感联系牢不可破，即使企业在提供服务的过程中出现纰漏，客户也能够予以理解，这是企业利润的真正源泉。

张世贤（2004）认为，品牌具有三种境界，分别是知名度、美誉度和忠诚度。"当客户通过实际消费行为认同了品牌所提供的价值，并在同类竞争市场上的众多产品中，只认同自己所中意的某种品牌，实际上就已经产生了品牌忠诚。"根据张世贤的观点，服务型企业在进行行业竞争时需要打造自己的品牌，培养顾客忠诚，其中最为重要的是服务中的情感价值，服务中是否蕴含精神文化和情感力量是培养顾客忠诚的关键。基于此，问卷设计主要是进一步了解客户对于企业文化的认识和要求。

十、顾客情感

心理学将情感定义为人们是否能够满足自己的需要时发自内心的一种情绪和感受，这是人们对于客观世界在人内心引起的喜、怒、哀、乐的心理反应。对于服务型企业而言，客户情感是客户对于企业提供的服务在满足自身需求时的心理状态，客户在接受服务的过程中可能会经历多种情感历程。

Westbrook（1987）研究了客户在购买服务时的情感体验，他将情感分为正面和负面两种，如快乐和愉悦属于正面情感，厌恶和不满则属于负面情感。在他看来，正面情感与客户的满意度具有正相关联系，能够给客户带来愉悦，对企业提供的服务更加依赖，对于满足客户需求和提高顾客忠诚具有重要的促进作用。韩小芸和温碧燕等（2004）认为，对于服务型企业而言，顾客对服务的质量与服务的情感同样看重，企业员工在提供服务的过程中需要重视了解客户的心理需求，满足客户的情感需要。巩天雷和赵领娣（2007）指出顾客情感的四种关键要素：一是品牌价值，服务型企业通过长期对客户保持主动关怀，在客户心中逐渐树立具有情感联系的人性化品牌；二是服务体验，客户在接受企业提供服务的过程中获得情感上的满足，逐渐增进与企业的情感联系，进而产生品牌忠诚；三是精力要素，企业在提供服务的过程中若是能够节约客户的时间，减轻客户的心理压力，那么就有可能获得客户的好感；四是认知能力，企业员工能够具有较强的认知能力，可以把握住客户的心理状态和需求，便更容易建立起情感桥梁。

随着客户需求的多样化和个性化发展，客户对于服务的要求也更加具体和精细，可以说，将来服务型企业的发展模式将有很大的可能性转变为C2B模式，即私人定制，客户购买服务将会进入情感消费阶段。企业在为客户提供服务时必然会产生交流环节，企业在双方沟通的过程中需要不断地调整自身，以期达到最佳互动模式，建立具有稳定性的情感桥梁。客户在享受服务时已经超脱了原来的交易层面，更多的是感受情感交流，赢得顾客情感将成为服务型企业满足顾客需求，赢得顾客忠诚的关键。基于此，针对新生活公司的客户群进行问卷与访谈，将会了解顾客对于优秀企业文化的看法，如何看待新生活公司所提倡的"爱与成长"和"婉容"理念，对依靠情感要素是否能够赢得客户进行分析。

第五章

问卷设计与变量测量

第一节 问卷设计

如前文所述，情感要素对于服务型企业文化的建构具有重要作用，通过对众多专家学者研究成果的学习和借鉴，并结合个人工作实践，笔者提出了情感要素的理论模型，第一级内容为领导心理、员工心理、客户心理和制度情感，第二级内容为领导管理、领导情感、员工满意、员工素质、员工情感、企业文化、服务能力、顾客需求、顾客忠诚、顾客情感。根据理论模型，笔者对情感要素的作用做出了五种假设，分别是：能够提高员工忠诚度、能够激发员工积极性、能够成为企业文化建设的核心要素、能够提升客户满意度、能够提高客户忠诚度。为了验证假设，本书通过对广西新生活后勤服务管理股份有限公司的员工和客户进行问卷调查，对日本服务型企业东京迪士尼和 MK 出租车公司进行访谈调查，综合采用问卷调查和访谈等多种方式，对情感要素的作用进行了广泛和深入的了解。

本书通过对广西新生活后勤服务管理股份有限公司的员工和客户进行问卷调查，目标比较明确，内容具体，始终围绕着情感要素的相关内容进行调查，具有一定的合理性与针对性。本次调查对广西新生活公司的员工发放问卷 1850 份，其中回收问卷 1741 份，回收率为 94.1%，其中有效问卷 1611 份，有效率为 92.5%，其中男性为 322 人，女性为 1289 人，男女比例为 1 : 4；年龄为 20～35 岁的有 94 人，占总人数的 5.85%，年龄为 36～50 岁的有 842 人，占总人数的 52.25%，年龄为 50 岁以上的人有 671 人，占总人数的 41.68%，还有 4 人为 20 岁以下；学历为高中或以下的有 1529 人，占总人数的 94.92%，专科人数为 73 人，本科人数为 8 人，研究生人数为 1 人。对新生活公司的客户发放问卷 1200 份，回收问卷 1072 份，回收率为 89.3%，有效问卷 1008 份，有效率为 94%。必须澄清的是，笔者为新生活公司的董事长，新生活公司的问卷发放对象包括为公司服务的员工以及与公司有合作的客户，但是在对新生活员工和客户发放问卷的过程中，笔者没有对问卷对象进行干涉，尽可能地保证问卷的客观性，避免人为干预。本书的两份问卷设计总共包括了标题、前言、正文和致谢四个部分，问卷的问题设计坚持了便于回答和直截了当的原则。员工问卷共 37 道题，其中以单项选择为主，共 35 道题，最后两个问题为附加题，企业员工可以结合自己的实际情况填写；客户问卷共 17 道题，均为单项选择题。问卷设计主要围绕着理论模型中第二级的十个要素进行，如领导情感中的问题为"您是否认为新生活公司的领导层关心员工"，员工情感的问题为"当知道您身边的同事需要帮助时，您会主动伸出援助之手吗"，顾客情感的问题为"您认为顾客更加看重新生活公司的哪个方面"，在问卷设计的过程中，笔者注意到控制答卷时长的问题，保证答卷人能在 20 分钟左右回答完毕，同时还注意问卷的措辞，尽量避免引起答卷人的厌烦情绪，力求答卷具有较高的客观性。

第二节　新生活后勤服务管理股份有限公司

本书在理论模型的指导下对新生活后勤服务管理股份有限公司进行了问卷和访谈，对十个变量进行了测量，并深入分析情感要素十个变量中的作用和意义，对于验证前文提出的五个假设具有一定的佐证意义。

一、新生活公司具体介绍

广西新生活品牌成立于 2002 年，包含多家标准化、规范化、专业化的后勤服务管理、餐饮服务管理企业，具有能够承载各类大型物业服务、餐饮服务、后勤服务等项目的强大综合能力。2015 年 12 月 10 日，广西新生活后勤服务管理股份有限公司在全国中小企业股份转让系统隆重挂牌新三板资本市场。

2000 年前后，中国经济驶入了高速发展的快车道，国家对于产业结构的调整，加大了服务业在社会产业结构中的比重。尤其是家政服务业，随着人们生活节奏的不断加快和家庭服务消费需求的上升，家政服务业作为扩大就业的一个新领域，踏上了职业化、专业化发展的道路。在这样一个时代背景下，新生活公司的领导层带领怀揣梦想的同伴，用 5000 元作为注册资金，成立了"柳州市新生活家政服务有限公司"。自成立的那一天起，新生活公司就已经有了品牌意识，确定了"急客户之所急，想客户之所想"的服务理念，凭着专业、规范、以人为本的极致服务迅速在同行业中脱颖而出，并在市场竞争中不断调整经营战略，逐渐向单位后勤服务社会化领域发展。2003 年，公司名称变更为"柳州市新生活后勤服务管理有限公司"。在"新生活"这一母品牌的影响和滋润下，逐渐孕育出了新生活物业、新生活餐饮、新生活护工、新生活商学院、新生活小商超、新生活养老等子品牌，为企业以及家庭提供用心的服务，成为企业生活的大管家、家庭生活的小管家，踏上新的战略发展阶段，其组织架构如图 5-1 所示。

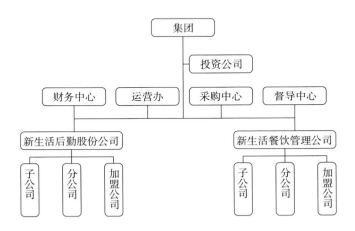

图 5-1　新生活公司组织架构

资料来源：新生活后勤服务管理股份有限公司内部资料。

新生活公司在发展的过程中获得了诸多荣誉，2009 年，获得"物业服务三级资质",通过 ISO9001—2008 质量体系认证,通过"广西高校标准化食堂"验收;2011 年,被评为"全国高校后勤服务优秀企业",成为广西物业、餐饮服务标准化试点企业;2012 年,获得"物业管理企业二级资质";2013 年,被评为"广西后勤标准化单位";2017 年,广西新生活公司荣获柳州市商务委颁发的"2016 年度商贸服务业先进企业"称号,董事长获评"2016 年度柳州市商务工作先进个人"。

新生活公司的标志也具有一定的特色和蕴意,其标志如图 5-2 所示,由"新生活"汉语拼音首字母"XSH"组成。标志整体形态构成呈现表示"无穷、无限、永续"的无穷大符号"∞",表达了公司"永续经营,成为一流企业"的公司文化理念,以及"为客户服务永无止境"的发展战略。标志暗含四个心形,体现了公司诚心、细心、恒心的服务文化,以及"怀大爱心 做小事情"的企业精神。四个心形非常默契地联结在一起,喻示着公司团结和谐的团队精神。标志设计上采用动感的流线表现手法,线条流畅,具有强烈的时代诉求,同时体现出"标准、流程、高效、流畅"等专业品质。色彩由黄、橙、绿构成。黄与橙是朝阳的颜色,象征企业充满生机与希望。绿色表示健康、环保与生命力,象征企业以人为本,从小事做起,为客户创造无限价值。

图 5-2　新生活公司标志

资料来源:新生活后勤服务管理股份有限公司内部资料。

目前,公司发展已驶入快车道,同时公司治理更上一个台阶,形成了对外公司实体化、对内虚拟集团化的管理模式。"新生活"系列品牌已经成为后勤服务行业的标杆和榜样。

二、变量测量结果

通过对广西新生活公司的员工及客户进行问卷调查，进一步了解新生活公司的员工及客户对企业文化中情感要素的认识和需求，为本书的研究奠定了坚实的基础。变量测量结果主要如表5-1、表5-2所示。

表5-1　企业员工问卷调查情况汇总

题目 ＼ 选择	A	B	C	D
1. 您对新生活公司的整体印象如何	相当好（498人，30.91%）	一般（980人，60.83%）	不好（13人，0.81%）	不好说（120人，7.45%）
2. 新生活公司的哪个方面最值得称赞	管理（285人，17.69%）	文化（1200人，74.49%）	培训（120人，7.45%）	其他（6人，0.37%）
3. 您对新生活公司的管理如何评价	相当好（978人，60.71%）	一般（279人，17.32%）	不好（165人，10.24%）	不好说（189人，11.73%）
4. 目前本公司最大的优势是什么	领导远见卓识、决策能力强（1050人，65.18%）	拥有优秀的人才（279人，17.32%）	拥有独特的企业文化（21人，1.30%）	员工士气高、向心力强（261人，16.20%）
5. 企业领导层在讲话中提及有关企业文化建设工作哪方面的情况	经常提及（750人，46.55%）	偶尔提及（165人，10.24%）	很少提及（123人，7.64%）	没有提及（573人，35.57%）
6. 您认为新生活公司的领导层关心员工吗	关心（663人，41.15%）	一般（306人，18.99%）	不关心（267人，16.57%）	不好说（375人，23.28%）

续表

选择 题目	A	B	C	D
7. 如果其他企业为您提供相同的岗位，但是报酬更高，您会选择哪个	跳槽 （1578 人， 97.95%）	与新生活协商提高待遇，然后留下 （33 人， 2.05%）	不跳槽，也不和新生活谈 （0 人，0.00%）	不好说 （0 人， 0.00%）
8. 新生活公司对您自身的提高是否有帮助	帮助巨大 （768 人， 47.67%）	一般 （306 人， 18.99%）	没有帮助 （306 人， 18.99%）	不好说 （231 人， 14.34%）
9. 除了工资收益，哪个方面最能使您选择在新生活公司工作	企业文化 （576 人， 35.75%）	企业管理 （867 人， 53.82%）	企业培训 （168 人， 10.43%）	其他 （0 人， 0.00%）
10. 目前在工作中吸引您的有哪个方面	学习新知识、新技术，实现自我价值 （876 人， 54.38%）	工作环境良好、工作轻松 （354 人， 21.97%）	薪酬高、待遇好 （84 人， 5.21%）	与同事相处融洽，公司注重员工关怀 （297 人， 18.44%）
11. 您对于新生活公司文化的发展提过合理化建议吗	经常提，公司很重视 （378 人， 23.46%）	没有，因为不关心 （474 人， 29.42%）	不愿提，好的建议常常不被当回事 （309 人， 19.18%）	有提，但被采纳的很少 （450 人， 27.93%）
12. 您是否将新生活公司视为第二个家	是 （660 人， 52.89%）	还在考虑 （732 人， 45.44%）	不是 （27 人， 1.68%）	—
13. 当知道您身边的同事需要帮助时，您会主动伸出援助之手吗	会，乐善好施，能帮的就帮 （999 人， 62.01%）	看情况，不做第一人 （324 人，20.11%）	不会，事不关己 （288 人， 17.88%）	—
14. 您是否认为只有自己努力工作，新生活公司才能获得收益	是 （1101 人， 68.34%）	不认为 （414 人，25.70%）	不清楚 （96 人，5.96%）	—

续表

选择 题目	A	B	C	D
15. 您认为企业文化中的情感要素对于提高您的满意度有何作用	能够大幅提高企业员工满意度 （734人，45.56%）	在一定程度上能够提高员工满意度 （513人，31.84%）	对提高员工满意度没有影响 （89人，5.52%）	不好说 （275人，17.07%）
16. 您认为企业文化对新生活公司的影响是什么	对企业发展有促进作用 （711人，44.13%）	只对大型企业有影响，对新生活公司影响不大 （669人，41.53%）	完全没有影响 （45人，2.79%）	不清楚 （186人，11.55%）
17. 企业文化的重要性在公司里是否得到大多数人的认可	完全认可 （939人，58.29%）	基本认可 （252人，15.64%）	不认可 （141人，8.75%）	不清楚 （279人，17.32%）
18. 您认为您的工作是否受人尊敬	受尊重 （1278人，79.33%）	一般 （51人，3.17%）	不受尊重 （213人，13.22%）	不知道 （69人，4.28%）
19. 在平时的工作中，"阳光心态"是否能够激发您的积极性	能 （681人，42.27%）	一般 （165人，10.24%）	不能 （552人，34.26%）	不好说 （213人，13.22%）
20. 在平时的工作中，微笑服务是否能够得到正面的回应	能 （936人，58.10%）	一般 （120人，7.45%）	不能 （255人，15.83%）	不好说 （300人，18.62%）
21. 怀大爱心做小事情能不能提高自己的服务水平	能 （1062人，65.92%）	不好说 （180人，11.17%）	不能 （369人，22.91%）	—
22. 您认为将情感作为新生活公司的文化核心是否合适	相当合适 （738人，45.81%）	不好说 （285人，17.69%）	不合适 （588人，36.50%）	

续表

题目 / 选择	A	B	C	D
23. 公司基层文化活动设施配备和利用情况怎样	设施齐全，利用充分（618 人，38.36%）	设施齐全，利用率低（288 人，17.88%）	设施不全（168 人，10.43%）	不清楚（537 人，33.33%）
24. 您认为塑造企业文化是否与您有直接关系	有（567 人，35.20%）	没有（504 人，31.28%）	不知道（315 人，19.55%）	无所谓（225 人，13.97%）
25. 您是否知道新生活有专门的企业文化宣传部门	有（1254 人，77.84%）	没有（234 人，14.53%）	听说过但从没看到过（123 人，7.64%）	—
26. 您认为以下哪一项对企业文化最重要	企业文化的形成（1155 人，71.69%）	企业文化的发展（240 人，14.90%）	企业文化的传播（24 人，1.49%）	企业文化的变革（192 人，11.92%）
27. 您认为企业文化应该达到的效果是什么	使企业人心凝聚、目标一致（1146 人，71.14%）	使员工服从企业的目标和决定，全力效力于企业（285 人，17.69%）	使企业更富文化力、人性力（90 人，5.59%）	实现企业、员工、社会的共赢（90 人，5.59%）
28. 您认为公司企业文化建设工作，要优先从哪方面进行	概念层面（639 人，39.66%）	实物层面（标识等）（732 人，45.44%）	宣传工作（72 人，4.47%）	员工意识形态、企业价值观（168 人，10.43%）
29. 您认为企业文化应该是什么	主观打造的（1137 人，70.58%）	客观形成的（354 人，21.97%）	企业文化顺应员工，因员工而变化（120 人，7.45%）	企业文化顺应企业家、高层管理者（0 人，0.00%）

题目　　选择	A	B	C	D
30. 您认为顾客更加看重新生活公司的哪个方面	服务水平（1374 人，85.29%）	文化情感（120 人，7.45%）	品牌效应（117 人，7.26%）	
31. 您认为优秀的企业文化是基于哪方面	企业悠久历史的沉淀和凝结（705 人，43.76%）	企业家精神、企业创业之道与理念（759 人，47.11%）	企业员工的共识、信仰与行为准则（147 人，9.12%）	—
32. 您是否了解新生活公司提倡的"爱与成长"	相当了解（1083 人，67.23%）	一般（264 人，16.39%）	不了解（264 人，16.39%）	不好说（0 人，0.00%）
33. 您是否认为情感要素能够为新生活赢得顾客的青睐	能（1167 人，72.44%）	不好说（228 人，14.15%）	不能（216 人，13.41%）	—
34. 您是否了解什么是"婉容"	相当了解（1041 人，64.62%）	听说过，但不了解（378 人，23.46%）	没听说过（192 人，11.92%）	—
35. 您认为服务型企业文化中的情感要素对于提高客户的满意度有何作用	能够大幅提高客户满意度（877 人，54.44%）	在一定程度上能够提高客户满意度（412 人，25.57%）	对提高客户满意度没有影响（251 人，15.58%）	不好说（71 人，4.41%）

资料来源：笔者自绘。

表 5-2　客户问卷调查情况汇总

题目　　选择	A	B	C	D
1. 您认为服务型企业最大的优势是什么	领导远见卓识、决策能力强（309 人，30.65%）	拥有优秀的人才（117 人，11.61%）	拥有独特的企业文化（357 人，35.42%）	员工士气高、向心力强（225 人，22.32%）

续表

题目 \ 选择	A	B	C	D
2. 您认为服务型企业的哪个方面对提高企业效益最为重要	管理 （495 人， 49.11%）	文化 （249 人， 24.70%）	培训 （243 人， 24.11%）	其他 （21 人， 2.08%）
3. 您认为服务型企业中管理者对下属进行关心是否重要	相当重要 （945 人， 93.75%）	一般重要 （39 人， 3.87%）	不重要 （12 人， 1.19%）	不好说 （12 人， 1.19%）
4. 您认为服务型企业中管理者在管理过程中蕴含情感因素是否重要	相当重要 （702 人， 69.64%）	一般重要 （210 人， 20.83%）	不重要 （48 人， 4.76%）	不好说 （48 人， 4.76%）
5. 您认为服务型企业文化中的情感要素对于提高企业员工的满意度有何作用	能够大幅提高企业员工满意度 （534 人， 52.98%）	在一定程度上能够提高员工满意度 （447 人， 44.35%）	对提高员工满意度没有影响 （6 人， 0.60%）	不好说 （21 人， 2.08%）
6. 除了工资收益，哪个方面对企业员工的忠诚度影响最大	企业文化 （675 人， 66.96%）	企业管理 （189 人， 18.75%）	企业培训 （111 人， 11.01%）	其他 （33 人， 3.27%）
7. 企业文化中的情感要素对于提高员工的素质有何影响	能够大幅提高企业员工的素质 （417 人， 41.37%）	能够在一定程度上提高企业员工的素质 （537 人， 53.27%）	对提高企业员工的素质作用不大 （33 人， 3.27%）	不好说 （21 人， 2.08%）
8. 您认为企业文化中的情感要素是否能让企业员工将企业视为第二个家	一定会 （567 人， 56.25%）	可能会 （381 人， 37.80%）	不会 （24 人， 2.38%）	不好说 （36 人， 3.57%）

选择 题目	A	B	C	D
9. 您认为情感要素对服务型企业的文化建设有何影响	对企业文化建设有促进作用 （915人， 90.77%）	只对大型企业有影响，对服务型企业影响不大 （33人， 3.27%）	完全没有影响 （12人， 1.19%）	不清楚 （48人， 4.76%）
10. 对于服务型企业而言，"阳光心态"是否能够提高员工的服务能力	能 （906人， 89.88%）	一般 （66人， 6.55%）	不能 （9人， 0.89%）	不好说 （27人， 2.68%）
11. 您认为将情感要素作为企业文化建设的核心是否合适	相当合适 （663人， 65.77%）	不好说 （267人， 26.49%）	不合适 （78人， 7.74%）	—
12. 您认为服务型企业塑造企业文化是否与客户有直接关系	有 （942人， 93.45%）	没有 （30人， 2.98%）	不知道 （21人， 2.08%）	无所谓 （15人， 1.49%）
13. 您认为企业文化应该达到的效果是什么	使企业人心凝聚、目标一致 （561人， 55.65%）	使员工服从企业的目标和决定，全力效力于企业 （117人， 11.61%）	使企业更富文化力、人性力 （84人， 8.33%）	实现企业、员工、社会的共赢 （246人， 24.40%）
14. 您认为顾客更加看重服务型企业的哪个方面	服务水平 （792人， 78.57%）	文化情感 （99人， 9.82%）	品牌效应 （105人， 10.42%）	其他 （12人， 1.19%）
15. 您认为服务型企业文化中的情感要素对于提高客户的满意度有何作用	能够大幅提高客户满意度 （530人， 52.58%）	在一定程度上能够提高客户满意度 （411人， 40.77%）	对提高客户满意度没有影响 （39人， 3.87%）	不好说 （28人， 2.78%）

续表

题目 \ 选择	A	B	C	D
16. 您认为优秀的企业文化是基于哪些方面	企业悠久历史的沉淀和凝结（213 人，21.13%）	企业家精神、企业创业之道与理念（285 人，28.27%）	企业员工的共识、信仰与行为准则（495 人，49.11%）	其他（15 人，1.49%）
17. 您是否认为情感要素能够为服务型企业赢得顾客的青睐	能（879 人，87.20%）	不好说（102 人，10.12%）	不能（27 人，2.68%）	—

资料来源：笔者自绘。

三、变量分析

关于领导管理。在对广西新生活公司的员工及客户进行问卷调查时可以发现，有 93.75% 的被调查者认为服务型企业的管理者在管理企业的过程中必须重视对员工表达关心之情，在"相当重要"和"一般重要"之间几乎所有的人都选择了相当重要，从中可以看出，客户主张管理者要十分重视关心下属。有 60.71% 的企业员工认为新生活公司的管理相当好，尤其是在访谈的过程中可以了解到，企业员工尤其看重新生活公司的情感管理，他们认为情感要素能够提高管理的效果。

关于领导情感。客户认为服务型企业管理者在管理过程中应当蕴含情感要素，其中 69.64% 的被调查者认为情感要素在管理的过程中相当重要，20.83% 的被调查者认为一般重要，仅有 4.76% 的被调查者认为情感要素在服务型企业管理过程中并不重要。企业员工认为新生活公司的领导层关心员工或者在一定程度上表达了关心的仅为 57.72%，基于此，新生活公司虽然主张将情感要素融入管理的过程中，但是在情感的表达方式上还需要进一步探索。

关于员工满意。在分析企业内部各种因素对企业员工忠诚度的影响时，首先要排除经济因素，即工资收益，因为众所周知经济因素对企业员工的忠诚度几乎发挥了决定性的作用，因此需要排除经济因素的影响。通过问卷可以发现，客户认为除了工资收益，企业文化对员工忠诚度的影响最大，达到 66.96%，其次是企业管理和企业培训，分别是 18.75% 和 11.01%，由此可见，企业文化对于企业员工的忠诚度具有重要的意义。与客户的调查结果不同，在对企业员工进行问卷调查时可以发现，除了工资收益外，企业员工认为对自己影响最大的是企业管理，达到了 53.82%，企业文化为 35.75%。针对这一问题，笔者对新生活企业员工进行了访谈调查，大多数企业员工指出，企业文化对自己的影响很大，但是与企业管理相比，文化的影响是潜移默化的、隐性的，而企业管理则更加的具体，而且能够将情感蕴含到管理当中，企业员工的感受更加深切。从图 5-3 中可以看出，被调查者认为情感要素 "一定能够" 或者 "在一定程度上能够" 提高企业员工满意度的分别为 52.98% 和 44.35%，仅有 0.60% 的被调查者认为情感要素对提高企业员工的满意度没有影响。从中可以看出，企业员工与客户对于情感要素能够提高企业员工的满意度表示肯定。

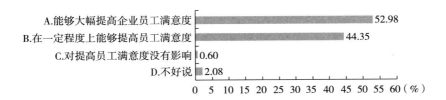

图 5-3　客户认为情感要素对于提高企业员工的满意度有何作用

资料来源：笔者自绘。

关于员工素质。从问卷结果中可以看出，53.27% 的客户认为情感要素在一定程度上能够提高企业员工的素质，41.37% 的客户认为情感要素对提高企业员工的素质具有巨大的作用，而认为情感要素对提高企业员工素质没有意义的人仅为 3.27%，从中可以看出，几乎所有的被调查者都认为情感要素对于提高员工素质具有积极意义。认为新生活公司对自身的提高帮助巨大的企业员工为 47.67%，认为有一定作用的为 18.99%，由此可以看出，新生活公司将情感要素作为企业文化的核心对于提高企业员工的素质发挥了一定的积极作用。

关于员工情感。本书的研究目标之一是通过情感要素将企业员工的心凝聚起来，因此在问卷调查中希望了解情感要素能否拉近企业和员工之间的距离，使员工将企业视为第二个家，把同事和领导看成自己的家人。通过问卷可以发现，有 56.25% 的客户认为情感要素"一定"能够使员工将企业视为第二个家，他们对此表现出较高的信心，37.80% 的被调查者认为"有可能"实现这一目的，但是他们的信心并不充足，而在对企业员工进行问卷调查时发现，目前仅有 46.51% 的员工将新生活视为第二个家，仍然有超过 51.59% 的员工还在举棋不定，通过访谈可以得知，这部分企业员工还在考虑的原因并非不赞成情感管理，而是希望看到新生活公司真正地将情感要素贯彻到管理当中，那么他们必然会将企业视为第二个家。

关于企业文化。通过问卷调查，90.77% 的客户认为应当将情感要素融入服务型企业文化建设当中，情感要素对服务型企业文化的建设具有重要的推动作用，是创新企业文化的突破口。但是值得注意的是，关于是否将情感要素作为企业文化建设的核心，只有 65.77% 的客户认为是合适的，有 26.49% 的客户认为还需要进一步观察，将情感要素作为企业文化建设的核心是否合适并不能立刻做出判断，还有 7.74% 的客户认为不合适。同时，也仅有 45.81% 的企业员工认为将情感要素作为企业文化建设的核心相当合适，17.69% 的员工认为不合适，36.50% 的员工认为还需要进一步观察。从客户和企业员工的问卷结果来看，将情感要素作为企业文化建设的核心是否合适还需要进一步研究。

关于服务能力。由于情感要素的概念较为笼统，因此在研究情感要素对提高企业员工服务能力的作用时，笔者将情感要素具体到了"阳光心态"这一具体概念上，进一步研究客户对服务型企业员工的"阳光心态"和服务能力之间的关系。问卷中 89.88% 的客户认为"阳光心态"一定能够激发服务型企业员工的积极性，他们认为只有心态健康，工作才能充满热情，服务才能到位，客户才能满意。但是与客户的观点存在一定的不同，企业员工认为"阳光心态"能够或者在一定程度上能够激发员工积极性的分别为 42.27% 和 10.24%，有高达 34.26% 的人认为"阳光心态"对激发员工积极性的作用不大。关于这一问题，笔者在访谈中了解到，由于服务型企业的工作强度大、时间长、工资相对较低，因此往往难以形成良好的心态，从而在问卷中会选择"阳光心态"的作用不大，关键在于许多员工本身并没有培养"阳光心态"，无法感受到"阳光心态"的作用。

关于顾客需求。在设计该题时，笔者特意将"服务水平""文化情感"和"品牌效应"进行了对比研究，服务型企业所提供的产品就是服务，是否能够满足顾客的需求主要还是看服务的质量和水平。在问卷中，有78.57%的客户认为服务水平是客户最为看重的一个方面，而文化情感和品牌效应仅为9.82%和10.42%，更是有高达85.29%的企业员工认为客户更看重服务水平。虽然文化情感不能够直接满足客户的需求，但是在前文的研究中可以了解到，情感要素对于提高企业员工的素质和服务水平具有重要作用。因此从间接角度看，顾客对情感要素的需求虽然低于对服务水平的需求，但是情感要素也是必不可少的。

关于顾客忠诚。顾客忠诚度与企业文化建设是否具有联系，在问卷中可以了解到，有93.45%的客户认为服务型企业塑造企业文化与客户具有密切的联系（见图5-4），尤其是将情感要素融入企业文化建设当中是提高顾客忠诚的重要措施之一，几乎所有的被调查者均认为企业文化建设能够提高顾客忠诚度。

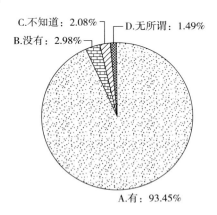

图5-4　客户认为服务型企业塑造企业文化是否与客户有直接关系
资料来源：笔者自绘。

关于顾客情感。在对顾客忠诚的问卷中可以了解到，被调查客户认为企业文化建设与顾客忠诚息息相关，因此深入挖掘企业文化中情感要素的作用可以发现，虽然有 10.12% 的客户并不是很认同情感要素的作用，但是仍然有高达 87.20% 的客户认为情感要素能够为服务型企业赢得顾客的青睐，能够在企业与客户之间搭建情感桥梁（见图 5-5）。72.44% 的企业员工认为情感要素能够为服务型企业赢得顾客的青睐，13.41% 的员工认为不能，14.15% 的员工持观望态度（见图 5-6），认为情感要素是否能为企业赢得顾客青睐还需要观察。

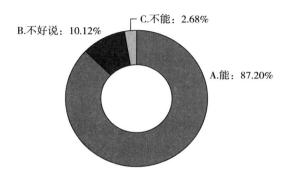

图 5-5　客户是否认为情感要素能够为服务型企业赢得顾客的青睐

资料来源：笔者自绘。

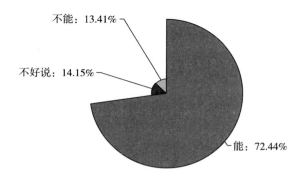

图 5-6　企业员工是否认为情感要素能够为服务型企业赢得顾客的青睐

资料来源：笔者自绘。

第六章

不同群体对情感要素的认识

本书通过对日本东京迪士尼、MK 出租车公司、新生活公司的员工和客户以及其他相关企业的精英人士进行访谈，进一步了解情感要素在服务型企业文化建构中发挥着什么样的作用。访谈围绕着情感要素与企业文化进行，如企业文化中情感要素对提高员工忠诚度有何意义，将情感作为公司的文化核心是否合适，顾客更加看重服务水平、文化情感、品牌效应中的哪一项，企业文化的情感要素对提高客户忠诚度有何意义等。

第一节　关于选择日本企业作为参照对象的说明及其借鉴意义

"二战"过后的几十年里，日本涌现出了一大批优秀的企业，它们以巨大的规模、雄厚的财力、精湛的管理和优秀的企业文化推动了日本经济的腾飞。日本企业在东方与西方文化的汇聚下，逐渐形成了具有独特魅力的企业文化，这极大地推动了日本企业的发展。

尽管日本曾经经历过全盘西化的维新运动，但是中国的传统文化对其的影响还是很深的，尤其是儒家仁爱思想对其影响更是极为深刻。与西方文化中倡导的个人主义不同，日本由于深受中国传统文化的影响，因此更加强调集体主义，讲究社群文化，这使日本的企业在整体上形成了"对外竞争、对内和谐"的格局，最重要的是保持企业与员工之间和谐与仁爱的关系，使企业内部亲密和谐，而后形成了一种家族文化。日本企业文化中特有的形式是家族文化，家族文化将企业看成一个大家庭，管理者与员工之间存在着亲属式的情感，重视提倡全员亲和感。这种家族文化相当重视依靠情感来培养员工对企业的忠诚感，同时还在员工之间树立集体共荣、为企业献身的精神，把企业置于自己行为的最高位置。日本企业文化中具有一些共性，在建设企业文化的过程中提倡建立共同的价值理念，弘扬以人为本的团结协作精神；重视企业创新，不断激发员工的想象力和创新力；倡导企业的发展要与社会责任相统一，企业要承担起一系列的社会责任。值得一提的是，日本企业在建设企业文化时往往会努力做到文化的传承与创新相结合，不仅继承企业发展中存在的优秀企业文化，同时还根据时代的发展，不断创新企业文化，为企业文化注入新的活力。

随着全球化时代的到来和中国改革开放的深入发展，中国服务型企业正面临着新的挑战，企业文化建设是在这一轮洗牌中站稳脚跟的关键。在企业文化建设方面，日本企业无疑具有丰富的经验值得学习。第一，坚持以人为本的企业文化建设，重视培养团队精神，这对于转变国内服务型企业忽略人的作用、疏忽团队精神的培养的现状具有积极意义。第二，不断提高员工素质，大力推行创新，加强人文关怀意识，转变不讲职业道德、信用水平整体下降的局面。第三，提倡履行社会责任，做好企业与社会共建工作，与中国的实际相结合，日本企业文化中提倡履行社会责任与中国构建社会主义和谐社会①具有相似之处，而中国服务型企业需要在创建和谐的文化环境中贡献力量，在合理界定社会责任的基础上，积极塑造企业良好社会形象、加强员工心理文化建设、优化企业内外发展环境，实现企业与企业、企业与员工、员工与员工之间的和谐关系，从而达到企业全面的和谐发展。在笔者看来，中日企业文化中有一些明显的差异性，这些差异性仅代表个人观点，在一定程度上缺乏客观性。例如，在忠诚度方面，中国企业强调家文化，这种家文化指的是"小家"，重视小团体，对忠诚度的评价往往着眼于员工对管理者的忠诚，而日本虽然也提倡家文化，但是对员工忠诚度的评价是其对公司的忠诚度，而非对管理者。中国的企业中似乎存在着一种潜在现象，即精英们热衷于在个人简历里堆砌不同公司的经历，貌似越跳槽越有能力，但是在日本企业看来跳槽不是不可以，但是不能太频繁，一个能够轻易放弃之前就职公司的人并不值得信任。

在此必须说明的是，笔者对日本企业文化中如"一期一会"的精神和

---

① 社会主义和谐社会是我国于 2004 年提出的一种社会发展战略目标，指的是一种和睦、融洽并且各阶层齐心协力的社会状态。其基本特征是民主法治、公平正义、诚信友爱、充满活力、安定有序、人与自然和谐相处。

极致服务的理念都比较认同，在本书的研究中主要选择了东京迪士尼和MK 出租车公司作为案例，但是并不是说日本的企业文化就一定适合中国服务型企业文化建设的需要，并非指日本的企业文化模式能够直接成为中国服务型企业文化建设的新模式，更多的是希望从日本企业文化中汲取精华部分，将其作为本书研究的一些材料，从而为中国服务型企业的发展提供可资借鉴的元素。而且笔者从客观角度指出了日本企业文化中蕴含着中国传统文化的因素，在借鉴日本企业文化建设精华的过程中，更多地会从中国传统文化中寻找推进中国服务型企业文化建设的途径。

第二节 东京迪士尼的极致服务

全球服务看日本，日本服务看迪士尼。是什么原因能让日本迪士尼成为全球盈利模式最强的乐园？是什么原因让迪士尼能够做到95%的回头率？其服务理念无疑是各行各业都值得学习的。其成功的秘诀在于提供具有情感要素的极致服务，通过对东京迪士尼的前任高管齐藤茂一进行访谈，了解他们成功的秘诀，对于验证情感要素的作用具有相当重要的意义。

一、东京迪士尼简介

东京迪士尼乐园，修建于 1982 年，1983 年开业，位于日本东京都以东的千叶县浦安市，是由美国迪士尼公司和日本梓设计公司合作建造的。被誉为亚洲第一游乐园的东京迪士尼乐园，依照美国迪士尼乐园而修建，主题乐园面积为 46 公顷。目前，东京迪士尼总员工 22000 多名，开业前的一年多时间从美国派来 330 名老师，一直进行员工培训，花费了大量的人力和财力，保证了东京迪士尼的成功，至今经营一直保持盈利增长，顾客回头率高达 95%，是全球最赚钱的游乐园。

二、分析东京迪士尼极致服务中的情感要素

东京迪士尼乐园是许多人最喜欢的乐园，虽然同样是迪士尼乐园，但是东京迪士尼对于公园的管理和服务是相当细致的，可谓是极致服务中的典范。东京迪士尼希望通过营造一个"魔法世界"使每一个游客体会到快乐，让游客对东京迪士尼产生情感，为此他们把服务做到极致，并将情感要素融入服务和文化当中。

在对东京迪士尼进行实地调研时可以发现，它的每一个工作人员脸上都带着微笑，在提供服务时充分考虑到游客的情感需求和精神需要。从工作人员的基本功来看，东京迪士尼对员工有一套完整的培训流程，如扫地有一套完整的培训流程，要求扫地不能扬尘，如果有游客呕吐了还有特定的清理程序。工作人员在扫地时蕴含的情感要素主要体现在他们的基本功上，几乎每一个扫地的工作人员都画得一手好卡通人物，令游客开心。在迪士尼巡回演出开始之前，因为有很多提前占位的人，所以道路较为拥挤，部分游客前进受阻，此时便会有清洁工作人员出现，为游客用水绘画各种动画人物的形象，逗游客开心，减轻游客因为拥挤而产生的负面情绪。

东京迪士尼充分考虑到了游客的需求，例如，有一些游客会在迪士尼的酒店入住，酒店建得像公主的城堡一样，入住酒店的游客如果买了娃娃之类的物品，工作人员会将娃娃等物品装饰在游客的房间，使游客感觉到如同回到家一般。为了拉近与游客之间的距离，搭建情感桥梁，东京迪士尼往往会通过给游客惊喜的方式，使游客体会到一种受到重视、得到尊重的情感享受。例如，有的游客到迪士尼过生日，工作人员会提供贴心的服务，不仅安排就餐地点，同时还赠送蛋糕，为游客唱生日歌。

东京迪士尼的极致服务还体现在对走失儿童的处理上，这是极致服务中情感要素最为明显的表现。东京迪士尼每天接待客人上万人次，是全世界吞吐量最大的迪士尼乐园，但是却没有关于儿童走丢的广播。一方面，

东京迪士尼不希望儿童走失的广播影响到游客的情绪；另一方面，他们做好了较为完善的应对机制。在游客走进迪士尼时，工作人员就会为儿童准备一种小贴纸，这种小贴纸是防止儿童走失的标志，贴纸里面包含了家长名字和联系电话等私人信息。当孩子与父母失散时，父母可以马上联系最近的工作人员，工作人员会帮忙寻找。如果找到符合描述的孩子，就可以对照小贴纸上的个人信息。东京迪士尼还给孩子们准备了儿童走失中心，与父母失散的孩子大多会被带到该中心，会有专门的工作人员进行照看，并给孩子们看动画片、吃零食，等待父母，东京迪士尼开业至今没有走丢过一个孩子。在对待哺乳期儿童上，东京迪士尼充分考虑到了母亲的哺乳需求，特意在园内设有好几个母婴哺乳室，避免了母亲哺乳时的尴尬情况。

在对齐藤茂一进行访谈时可以了解到东京迪士尼的一个经典情感案例，这一案例一直是东京迪士尼培训的内容之一。某天，一对年轻夫妻到迪士尼的餐馆就餐，并点了儿童套餐，按迪士尼的规定，儿童套餐只有9岁以下的孩子才能点，正常情况下不会给成人提供。但是这对年轻的夫妇说到当天是他们未满一岁女儿的忌日，所以就不由自主地过来想给她点一份儿童套餐。面对这一情况，东京迪士尼充分考虑到了年轻夫妇的情感需求，不仅为他们准备了家庭桌，还搬来了儿童座椅，端上了儿童套餐。东京迪士尼的管理层把这个案例作为员工培训的一个优秀事例，在采访和培训中都反复提及。

三、探索企业文化对东京迪士尼发展的意义

首先，企业文化指导东京迪士尼在进行培训时贯彻情感要素。OS培训是迪士尼培训的最重要一环。OS就是企业组织的配置，包含企业的服务理念、组织系统以及沟通合作。一般的企业是用70%的精力来处理内部问题，30%的精力为客户提供服务；迪士尼刚好相反，只用很少的精力来处理内部问题。许多中国的服务型企业不重视今天的客人，重视的是潜在的

市场，每天开会研究的是如何占领新市场、签下新合同，而迪士尼刚好相反地认为，今天的客人最重要，因此迪士尼在培训时会告诉员工：每天都是初次演出。

迪士尼的培训理念是迪士尼培训体系成功的关键。迪士尼培训坚持三个理念：化繁为简、深入浅出和寓教于乐。化繁为简：在一些东京迪士尼的管理者看来，做好迪士尼的培训不能光说理论，要有具体的服务。东京迪士尼的管理者认为"当人们去公园时，往往会与常人无异，有些人的态度可能会变得很差，对工作人员呼来喝去，因此我们在培训时要求受训者亲自到公园游玩，学会如何做好一个客人，如何与公园的工作人员进行情感沟通"（齐藤茂一，2017）。深入浅出：迪士尼的培训标准是——让中学二年级生听得懂。迪士尼的教材、手册要让中学二年级学生看得懂，而且谁看了都能理解为同一个意思，没有任何歧义。管理者希望培训师能够学习漫画师，漫画师能够把秦始皇从出生到称霸到死亡那么复杂、遥远的事情，通过一册漫画，就让小学生都看得懂，并且让严肃的历史变得很有意思，让小学生都喜欢看。寓教于乐：在东京迪士尼的管理者看来，不能让人快乐的培训，和不能让人快乐的工作一样，都是没有效果的，情感要素对于促进企业的培训具有相当重要的意义。迪士尼能够让扫地的岗位成为其280种岗位中第二受欢迎的岗位，靠的就是将情感要素融入企业培训当中。

对东京迪士尼而言，员工的能力分为两种：一是热情态度，二是知识技术。新员工热情高、态度好，但是缺乏知识和技术；两三年后的员工知识丰富、技术好，但是失去了热情和态度。这两者的能力面积总体上是一样的（见图6-1），所以迪士尼给他们的是一样的工资，两三年的工作，并设为员工带来报酬的增加。态度和技术，哪个更重要？东京迪士尼的管理者指出，"知识技术不行，多问就行了；热情态度不好，是问不出来的"（齐藤茂一，2017）。所以，热情和态度，比知识和技术更加重要，即情感比技术更重要。

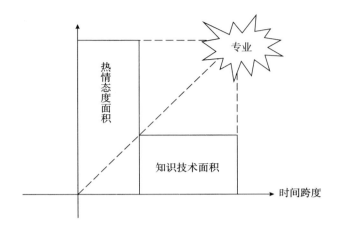

图 6-1　员工能力面积

资料来源：笔者自绘。

第三节　日本 MK 出租车公司的情感服务

说到优质服务，日本可能是全球服务做得最到位的国家，为何日本的服务做得很好？纵观历史可以发现，在工业革命成功后，日本涌现出大批追求服务质量的高端人群，加之数百年的经验积累让日本逐渐形成了将服务做到极致的标准化体系。通过对日本 MK 出租车公司企划总务部部长辻智史进行访谈，进一步了解该公司如何通过与客户进行交流沟通，为客户提供情感服务，搭建情感桥梁，对于研究企业文化中情感要素的价值具有积极意义。

一、MK 出租车公司简介

MK 出租车公司由于其对服务近乎神经质的追求，被誉为日本最佳出租汽车公司。学习 MK 出租车公司的极致服务理念，以及如何成功地将企业经营主旨灌输到每一个员工的用人机制和培训体系中，对于各类企业来说，绝对是不可多得的财富。

位于日本古都京都市的 MK 出租车公司，是一家由韩国人于 1960 年创办的企业，至今有 58 年历史。日本最高品质 MK 集团是家经营出租车业务的公司，被评为"血汗工厂"第一，却大受顾客好评。MK 出租车公司现在有 2200 台出租车、4500 名司机，是日本出租车行业的标杆企业，为客人提供尽可能低的价格，简单方便的接机、送机服务，以及导游、轮椅托运等周到、专业、热情的服务。公司标志都是"爱心"，这表明 MK 出租车公司的基本理念是"爱"，即情感要素。MK 出租车公司从创立至今具有 50 多年悠久历史，在日本已经是一个家喻户晓的老字号品牌，强调"客户满足""员工满足""社会贡献"的晋江商人的"三好精神"，以其对客户做到尽善尽美的亲切服务享有盛誉，立志于提供最具信赖的品质服务，在日本已经颇具影响力和号召力。"低价也可以提供优质服务，员工是企业最宝贵的财富"，广泛引发了各个企业对"育才"之道的认识和理解。

二、MK 出租车公司企业文化中的情感要素

在 MK 出租车公司看来，"心"形标志象征着企业的情感表达，是企业文化中情感要素的重要寄托，MK 出租车公司的员工随时准备以同样的心、同样的微笑为顾客服务。MK 出租车公司司机服务客人，从开门这个动作做起，虽然其他公司也模仿，但是都做不好，只有 MK 的司机一直把开门服务做到极致。MK 出租车公司的司机每天清洁车子时，会换上另一双鞋，避免弄脏车厢，他们认为车厢是客人的家，必须保持干净。"MK 出租车公司的客人住院需要献血时，100 多名 MK 出租车公司的司机主动涌向医院献血"（辻智史，2017）。MK 出租车公司的模范司机会自备手电筒，晚上主动护送客人进到家门，一些模范司机年收入超过千万日元，后来 MK 出租车公司的司机都自备手电筒在身向模范学习。这些都不是他们的工作，也不是客户的要求，他们却主动做到了，这些都是企业员工与客户进行情感沟通的重要体现。

MK 出租车公司的司机们竭尽全力地参加各式各样的培训课程，如历史、导游、外语等。通过获取这些知识与技能，司机们希望自己能够与客户进行沟通交流，建立情感桥梁，并把这作为自己的使命。MK 出租车公司也想方设法地为员工们提供学习各种必要知识与技能的机会，满足企业员工实现自我发展的心理需求。MK 出租车公司希望通过培训的方式让 MK 出租车公司的司机把自己的"心"牢牢地植根于京都，使员工与这座城市产生情感羁绊，让自己的脉搏与这座传统而现代的都市一同跳动，随着城市的发展而发展。在参观 MK 出租车公司的培训课程当中，其中最值得称道的是，公司在培训中要求对乘客的感谢大声喊出来，要蕴含着真挚的情感，这是 MK 出租车公司企业文化中情感要素在培训中的体现。

MK 出租车公司将"安全第一、品质第二和营业额第三"作为企业的价值观，笔者在对 MK 出租车公司进行实地调研的过程中看到这一标语高悬在显眼的位置，除此以外，在对 MK 出租车公司的管理者进行访谈时，他们强调 MK 出租车公司不仅对客户负责，同时也对员工负责，要让司机具有体面的社会地位。

三、探索企业文化对 MK 出租车公司发展的意义

蕴含着情感要素的企业文化对 MK 出租车公司的发展具有重要的意义。

第一，以提高员工社会地位为己任。MK 出租车公司属于服务型企业，司机和保洁员一样，都是社会底层人群，素质不高，收入较低，社会地位也较为低下。为此，MK 出租车公司以提升员工社会地位为重要目标。对比新生活公司，在该集团诞生初期，保洁员地位也异常低下，出门往往羞于见人，不到万不得已，没有人愿意从事保洁工作。为了树立司机的自信，MK 出租车公司做了大量的努力，首先让客户尊重司机，然后让社会认可司机，至今司机已经成为一个正常的行业职业。MK 做得更好的是，在其成立了 22 年后，请来了服务行业标杆航空机长制服设计师来设计他们的司机服装，直接在形象展示上做到了与行业第一平起平坐。为此，MK 创始人花了整整三年时间来请求设计师森英惠。

第二，强调礼仪的重要性。MK 出租车公司倡导员工要遵循礼仪规范，因为"礼仪是对客人基本的尊重，是服务行业的基本素养"（辻智史，2017）。MK 公司在发展中进一步把礼仪当成了自己取胜的法宝之一，于 1972 年提出了"不问候就不付钱"的服务宣言，让自己一下子在全日本打响了知名度。注重员工培训是 MK 出租车公司得到持续发展的重要保证，这不仅提高了员工的服务水平，同时也满足了员工自我发展的情感需求，是建立"学习型企业"的重要部分，MK 出租车公司每年组织员工培训，传承着公司的服务精神，满足了公司每年大量的员工需求。MK 出租车公司真正把培训做成了公司的核心竞争力，MK 出租车公司的新员工培训至少需要 3 个月时间。出租车一停下就没有收入，只有费用，其他公司都是只看钱包，MK 公司却看长远。从 1973 年至今，MK 出租车公司每月一次的全员业务集会从来没有中断，至今已邀请 2300 名讲师演讲，包括医生等。

第三，客人是最重要的。MK 出租车公司认为，做服务不要先考虑营收，而要先考虑对方，有了对方才有营收；公司能否发展是由客户决定的。MK 出租车公司不加入行业协会，不听从政府和协会的命令，只听从客户的需求。客人对服务的要求是无止境的，当现在的要求得到满足之后，就会变成理所当然，又会产生新的要求。MK 出租车公司一开始并不是一家大公司，正因为不断倾听和满足客户的需求之后，才成为今天的MK 出租车公司。MK 出租车公司认为，比客户更快地看到他的需求，才能不断地与时俱进。让客人感动的不是只有钱，传递情感要素才是最重要的方式。

第四，员工是服务型企业中最重要的因素。MK 出租车公司认为，管理者在教育员工的过程中，不应该以命令的形式，而是要亲自去做给员工看，不能随意发脾气，而是去耐心指导员工。MK 出租车公司强调对待员工要像对待自己的孩子那样，不是指责、批评，而是要帮助员工，要充满情感。提升出租车司机的社会地位是 MK 出租车公司的目标，该公司通过关爱文化与完善的培训体系，给予员工平等和尊重，建立了员工与企业的信任和依存，坚持把每一件小事做彻底，坚持有品质有格调的极致服务，坚持将好的心情传递给客户。

第五，重视感情要素。MK 出租车公司的总部是购买的建筑，二楼还保留着保龄球馆。笔者到 MK 出租车公司进行实地调研时，接待人崔炳龙经理说这是 MK 出租车公司对原业主的承诺，虽然不是自己的经营主业，也要让保龄球馆延续下去。MK 出租车公司从不主动辞退员工，除非员工违反了法律，就像对待自己的亲人一样，亲人犯了错误需要教育和引导，而不是将其赶出家门。

第四节　新生活公司领导层对企业文化建设和情感要素的理解

笔者对新生活公司的九名高管进行了高端访谈，了解了鲍丹丹、黄水莲、欧杰凤、彭玉兰、覃英、欧阳敏儿、朱荣建、黄丹丹、熊静明等公司领导对企业文化建设和情感要素的理解，访谈内容涉及企业发展的关键、企业文化的内容、情感要素对提高员工忠诚的意义以及他们对"阳光心态""爱与成长""婉容生活""充满关爱""互助互爱"的认识。

一、新生活公司副总经理——鲍丹丹

第一位访谈对象是新生活公司的副总经理鲍丹丹，她认为，企业发展的关键是能够持续盈利，企业文化的内容包括理念、培训、各种媒体宣传、拓展等，核心在于形成坚持不变的理念，优秀的企业文化并不完全是基于情感要素的。"爱"可以作为服务型企业的一种特色，"这对提高员工忠诚有积极意义，能够使员工留恋企业"（鲍丹丹，2017）。她认为，将情感作为公司的文化核心是可以的，但是还不够全面，应该要综合考虑其他因素。要将企业文化渗透到经营管理的方方面面需要以实例作为榜样，当员工的个性与企业文化产生不适应时，要采取"洗脑"的方式进行调整。鲍丹丹认为，相对于服务水平和文化情感，客户更加看重品牌效应，企业文化中的情感要素并不能够激励员工，对于情感要素是否能够提高客户满意度和忠诚度还未能做出定论。

关于对"阳光心态""爱与成长""婉容生活""充满关爱"和"互助互爱"的认识，鲍丹丹认为，"阳光心态"精神观能够发挥正能量引导和传输的作用；"爱与成长"发展观对企业文化建设有积极意义，要将各项推进方案真正落地执行；"婉容生活"人生观与"阳光心态"精神观相类似，都能发挥正能量宣传的作用；"充满关爱"管理观能够增加企业员工的归属感；"互助互爱"人际观能够进一步增强团队的凝聚力。

关于日本企业文化的认识，鲍丹丹认为，"一期一会"是一种境界，做到"一期一会"能够在一定程度上转变整个中国文化宣传功利性的局面，日本的极致服务理念很值得中国服务型企业学习。

二、新生活公司副总经理——黄水莲

第二位访谈对象是新生活公司的副总经理黄水莲，她认为企业发展的关键包括四个方面：一是领头人的能力、眼光、心胸和决断力；二是人才；三是企业的灵魂即企业文化；四是利润，这是企业的命脉。企业文化的内容涵盖了四个层面，分别是核心层（价值观）、深层（行为层面）、制度层面、形象层面，核心是企业的精神和价值观。在访谈中，黄水莲指出企业文化应该以人为本，辅助企业战略目标。企业文化是推动企业发展的不竭动力，是企业生存、竞争和发展的灵魂，良好的企业文化是一个企业长足发展的灵魂，企业文化与企业营业是两条平行线，缺一不可。她认为，优秀的企业文化是基于企业的价值观和共同的信念。共同的价值观念使每个员工都感到自己存在和行为的价值，自我价值的实现是人的最高精神需求的一种满足，这种满足必将形成强大的激励。黄水莲强调，将情感作为公司的文化核心并不合适，情感只是企业文化中的一小部分，一个企业的价值观、精神和信仰才是关键和核心。

　　黄水莲认为，"良好的情感和团队积极向上、团结协作及公司或上级对员工的认同感能够提高员工的归宿感"。企业文化中的情感要素能够在一定程度上激励员工，在以人为本的企业文化氛围中，领导与员工、员工与员工之间互相关心，互相支持。特别是领导对员工的关心，员工会感到受人尊重，自然会振奋精神，努力工作，从而形成幸福企业。此外，企业精神和企业形象对企业员工有着极大的鼓舞作用，特别是企业文化建设取得成功，在社会上产生影响时，企业员工会产生强烈的荣誉感和自豪感，他们会加倍努力，用自己的实际行动去维护企业的荣誉和形象。黄水莲认为，服务水平更能提高客户满意度，情感要素提高客户的满意度可占一小部分，爱可以感动心灵，情感要素要重点建立在体现爱的基础上。在竞争的年代，情感再好，当碰到利益、权力及个人前途冲突时，这些还是走在前面，但情感要素在小部分人身上可以得以体现，对客户忠诚度是有意义的，但不绝对。

　　当员工的个性与企业文化产生不适应时，如何协调这种不适应？黄水莲认为，这与行业有关，设计或互联网等高智商类的公司，企业可设置一定规则，在一定范围内张扬个性，比如着装、工作方式、上班时间、特色的文化等可以有很多个性的方面。但传统行业或服务类的行业，个性的东西要收敛，个人需要跟随企业文化走。

　　关于对"阳光心态""爱与成长""婉容生活""充满关爱"和"互助互爱"的认识，黄水莲认为，"阳光心态"精神观体现于活力和激情，把活力和激情的形式和措施方式注入企业文化形态中，必然会有好的效果；"爱与成长"的定位很好，在企业中提炼体现"爱"的故事应形成系列对内和对外宣传，形成企业自己的文化特色；"婉容人生"用于员工个人身上是不错的，但用于企业有可能偏向于女性化，使企业缺乏阳刚之气；"充满关爱"的管理观在一个企业中意义重大，人性的弱点是需要别人的关爱和认同感，"充满关爱"能够凝聚人心，增强员工的归属感，爱心基金、关怀行动、感恩行动、师徒关系都是"充满关爱"管理观融入企业文化建设的方式；"互助互爱"人际观体现的是一种温暖，在别人遇到困难时及时伸出援助之手，是一种及时雨，这样的情形最能打动人心，在企业中倡导"互助互爱"的人际观非常有意义，可以通过"一对一"帮扶、

"支援友爱"行动等方式列出具体的措施运用到企业文化建设中，让企业文化真正的有血有肉。

关于对日本企业文化的理解，黄水莲认为，企业文化是与民族分不开的，一定的文化总是一定民族的文化。企业文化是一个国家的微观组织文化，它是这个国家民族文化的组成部分，所以一个国家企业文化的特点实际就代表这个国家民族文化的特点。日本企业文化中的以下要素值得中国学习：专注——做任何事都追求达到极致；自信——不需要用外部的舆论来欺骗刺激自己；坚定——为了达到目标永不放弃；礼貌——中国人丢失的传统被他们发扬光大；自立自强——尽量不给别人添麻烦是日本社会的生存之道；创意无限——日本发明专利的数量是世界上最多的。

三、新生活公司副总经理——欧杰凤

第三位访谈对象是新生活公司的副总经理欧杰凤，她认为，企业发展的关键是核心竞争力，企业文化内容包含精神、制度、行为、物质等方面的内容，核心是精神文化。企业文化具有导向、规范、约束、凝聚、激励、提升企业形象的特色功能，是企业的持久竞争力，能够引导企业的战略选择，是吸纳和培养人才的最佳土壤，是独特的激励和良好的约束功能。她认为，将情感作为公司的文化核心并不合适，企业文化核心应为价值观和企业精神。

欧杰凤认为，"企业文化中情感要素能够增强管理者与员工之间的情感联系和思想沟通，满足员工的心理需求，形成和谐融洽的工作氛围"。情感要素将企业目标与员工个人心理目标有机结合起来，在企业目标实现的同时，员工个人心理目标也得到实现。情感要素最能体现管理的亲和力，其核心是激发职工的积极性，消除职工的消极情绪，通过情感的双向交流和沟通实现有效的管理。她认为，企业文化中的情感要素能够激励员工，感情需要是人类最基本的需要，也是影响行为最直接的因素之一。人与人之间的感情联系蕴藏着无限的潜能，可以超越物质利益、精神理想和外部压力的影响，产生"士为知己者死"的激励力量。加强与员工的感情沟通，从员工思想、生活、工作等各方面给予诚挚的关怀，想人所想，急人所难，与员工建立平等、亲切的感情，让员工感受到领导的关心和企业的温暖，以此来激发其积极性、主动性和创造性。欧杰凤认为，大部分顾客更加看重服务水平，感受文化情感，享受品牌效应，如果服务水平未能提高，情感要素在一定程度上只能是维持客户满意度，并不能提高客户满意度。情感要素对提高客户忠诚度有积极意义，客户在思想和情感上的一种高度信任和忠诚的程度则是对企业服务的依赖和认可、坚持长期购买和使用该企业服务。

关于对"阳光心态""爱与成长""婉容生活""充满关爱"和"互助互爱"的认识，欧杰凤认为，"阳光心态"代表新生活的成长历程——年轻活力、朝气蓬勃；代表新生活对客户的责任以及对员工的价值引导——真诚、开放、和谐；代表新生活人的阳光心态——热情乐观、激情奋进、感恩包容、坚忍不拔、顽强拼搏；代表新生活的使命——客户、品质、员工；代表新生活的未来——不断超越、无限空间。在"爱与成长"发展观中，"爱"是"柔情似水"而润物无声，更多体现出其柔性的一面，让员工感觉是如沐春风，"成长"不是结果，而是一个漫长的学习过程。企业管理者不要奢求新员工一进入企业就从内心深处"爱"上企业。如果说择业像一场婚姻，那么绝对很难存在一见钟情的、两相情愿的选择，企业和员工都需要在不断加深认识的过程中，慢慢了解和熟悉对方，当真正从内心深处接受了对方的时候，那么在这个"成长"的过程中，会形成员工源自内心深处的爱，而这样的爱会让他将一生的心血、智慧与青春献给企业，企业同时也能够给予员工以丰厚的回报和荣誉。关于对"婉容生活"的认识，欧杰凤认为，这种价值观融入企业文化的前提是需建立阳光心态，树立健康正能量的价值观。对于"充满关爱"的管理观，她指出，以关爱为理念的企业文化建设是凝聚员工的动力，激发员工创造力的精神动力，是企业履行社会责任的有效平台，企业应尊重、关爱员工，帮助员工树立自尊的信念和勇气、建立良好的沟通渠道，形成公平公正公开的民主氛围。"互助互爱"的人际观可以大大地提升企业的凝聚力，推动企业健康长久地发展。

对日本企业文化的认识，欧杰凤认为，日本服务型企业文化、"一期一会"的精神与中国服务型企业文化之间存在区别和联系，区别是：把顾客当上帝的服务意识；"和"的观念和"勤"的进取精神；培养员工的爱心。联系是：这些企业文化的根本是日本的武士道精神和中国的传统文化，这些文化有优点也有缺点，对于人们来说，要做的就是取长补短，根据自己的实际情况"取其精华，去其糟粕"。

四、新生活公司后勤公司总经理——彭玉兰

第四位访谈对象是新生活公司后勤公司总经理彭玉兰，她认为企业发展的关键是文化引领、品质驱动，企业文化的内容包括企业的价值观、企业的行为准则、企业的服务追求，核心是价值观。当员工的个性与企业文化产生不适应时，应该通过培训协调这种不适应。

彭玉兰（2017）认为，"企业文化中情感要素不仅可以帮助企业留住员工，让员工感受到温暖，还能够激励员工"。她认为，顾客更加看重文化情感，情感要素能提高客户的满意度，对于提高客户忠诚度有一定的意义。

关于对"阳光心态""爱与成长""婉容生活""充满关爱"和"互助互爱"的认识，彭玉兰认为，"阳光心态"能够宣扬正能量，让员工之间的关系简单、向上；"爱与成长"发展观对企业文化建设具有积极意义，让员工们易懂、融入；"婉容生活"人生观能让员工产生向往，通过阳光心态、爱和成长，不断追求自己的"婉容生活"；"互助互爱"人际观体现了团队的和谐。

关于对日本企业文化的理解，彭玉兰认为，日本重视企业文化的传承，对文化的细节及分解到位，让员工们做起来清晰、明了，所以可完成该文化的110%，因为有超预期的内容。中国重视企业文化，但对文化的理解与分解不到位，所以做起来只能完成该文化的70%。

五、新生活公司餐饮公司总经理——覃英

第五位访谈对象是新生活公司餐饮公司总经理覃英，她认为，企业发

展的关键是要具备核心竞争力，要想赢得顾客的青睐，在市场竞争中胜出，必须有强于同行的竞争优势。这种竞争力应体现在特定的能力上，是企业独到的优势。企业文化的特色就是它集中反映了企业的关键价值，它能够给企业成员带来共同的价值观念和行为规范，让每一位员工都明白怎样做是对企业有利的，而且都自觉自愿地这样做。覃英（2017）指出，需要辩证地看待将情感作为公司的文化核心，企业文化中情感文化不可或缺，但一味地依靠情感则是不可取的。首先她承认将企业打造成一个大家庭是一种"高情感"的管理方式，"但是企业的核心文化还是要依托于企业的战略目标和使命"。

覃英认为，企业文化不仅能提高员工的主人翁意识和员工的高尚情操，而且能使员工对企业产生深厚感情。企业文化中的情感要素能够凝聚人心，鼓舞人心，激励员工奋发向上，进而激发员工对企业的忠诚。她认为，顾客更看重的是服务水平，并且服务水平也是文化情感的体现，高质量的服务水平还能够为企业带来品牌效应。情感要素可以提高客户满意度，并使消费者对某一品牌情有独钟，偏好并长期购买这一品牌商品的行为。情感要素在提高客户忠诚度上能起到关键的作用，在发达的市场经济下，同类型的产品和服务不胜枚举，若是能依靠情感要素构建起情感的桥梁，则会培养顾客对企业的信任感和忠诚感，从而提高客户忠诚度。

关于对"阳光心态""爱与成长""婉容生活""充满关爱"和"互助互爱"的认识，覃英认为，"阳光心态"的精神观会使得员工拥有爱心、懂得感恩，明白什么是责任；"爱与成长"的发展观在对于企业领导者与员工关系上有积极意义，应该多组织员工培训、员工互动活动等，帮助员工在有爱的环境氛围下成长进步；"婉容生活"的人生观可以给企业带来更加平和愉悦的文化氛围，给员工更加轻松的工作心情；"充满关爱"的管理观有利于和谐友爱的企业文化建设；"互助互爱"的人际观有着帮助企业建立更加先进的文化的积极意义。

对日本企业文化的理解，覃英认为，中国与日本的企业文化存在差异，我国的企业文化建设还处于初级阶段，培养起来比较困难，而日本由于其终生雇佣制和传统武士道精神的传承，在企业文化建设上比中国要有优势。日本公司对于员工培训的力度非常巨大，有着既要追求经济效益，更要培养人才的经营理念，在员工的教育上毫无保留，充分开发员工的工作潜能，培养员工的积极性，这一点十分值得学习。在情感要素方面，由于日本企业采取终生雇佣制的关系，员工更容易对企业产生归属感，因此更具有奉献精神和工作的热情。

六、新生活公司后勤公司护工事业部总监——欧阳敏儿

第六位访谈对象是新生活公司后勤公司护工事业部总监欧阳敏儿，她认为，企业发展的关键有以下几点：定位要准、服务多样化、开展营销、人才建设、持续创新。企业文化包含的内容有企业的理念文化、制度文化、行为文化、物质文化，其中的核心是企业的理念文化。欧阳敏儿认为，企业文化是无形的，集中反映了企业的核心价值观，一旦成型便难以复制。当员工的个性与企业文化产生不适应时，首先要正确认识个性化员工，以包容、理解的态度找出不适应的原因；其次做好个性员工的思想工作，充分沟通，用心交流；再次加强企业文化建设，建立灵活的工作机制；最后可以为个性员工寻找更合适的岗位。她认为，将情感作为公司的文化核心不合适，情感具有波动性，容易受人的思想意识和外界刺激而变动，不利于企业文化的建设。

企业文化中情感要素在潜移默化中影响员工的价值观念和言行举止，在很大程度上培养了员工高度的责任感和敬业精神，"企业在尊重、理解、关爱员工的同时促使员工逐渐形成企业的感情依赖，缩短人与人之间的距离，使员工信任企业，团结一致，忠于企业"（欧阳敏儿，2017）。情感要素能够激励员工，企业的情感关怀能使员工感受到人文的呵护，企业提供给员工合适的报酬、发展机会和荣誉奖励，能使员工感受到尊重和信任，从而激发员工更好地为企业付出。她认为，顾客更看重服务水平，企业提供的服务能满足顾客所需，想顾客所想才能赢得更大的市场，顾客是有思想感情的人，情感要素的关怀在一定程度上能弥补服务的缺位，从而提高满意度。

关于对"阳光心态""爱与成长""婉容生活""充满关爱"和"互助

互爱"的认识，欧阳敏儿认为，"阳光心态"倡导的是积极乐观、健康向上的精神风貌，是企业文化精神建设的一部分，在文化建设中，应将"阳光心态"落到实处，以人为本，提高员工素质，营造和谐快乐的工作氛围；"爱与成长"的发展观有利于营造和谐、温馨的企业氛围，不断提高员工的综合能力，提升企业竞争力，在文化建设中要以"怀大爱心，做小事情"的理念服务于人、服务于企业，以"学习成就新生活"的观念，追求进步，不断学习，以个人的努力成长推动企业的攀升；"婉容生活"的人生观使企业文化建设得到新的升华，以爱为名，用情、用心为员工提供暖心之举，一张卡片、一份礼物、一句问候、一个拥抱、一个微笑，都能让企业散发出浓浓的人情味，在拥有爱的文化中从容工作，贴近心灵；"充满关爱"体现了企业以人为中心的管理意识，实行关爱管理有利于加强互动，增进交流，温暖人心，在细微之处让职员感受到企业给予的关爱，建立科学合理的工作机制，塑造轻松、宽容的工作环境；"互助互爱"的人际观有利于凝聚人心，加强团队协作，减少工作摩擦，在文化建设中要建立合理的员工工作机制，以制度为导向，鼓励员工相互支持，相互关心，平等待人，真诚相对，建立"职工文化活动室"，组织开展多样化活动，拉近距离，以良好的人际关系打造和谐的企业文化。

关于对日本企业文化的认识，欧阳敏儿认为，日本社会文化对企业文化有较大的影响。其文化的"恩耻观"强化了员工对企业的"一体感"，它以重视群体为特征，强调个体对群体的归属，强调群体和谐统一的价值观。故日本企业的文化的特点主要体现为具有鲜明的团队精神、集体荣誉感、终身雇佣制、员工勤奋忠诚，而中国企业的文化特点是政治色彩浓厚、注重伦理道德、人治情治法治相结合、缺乏个性、创新意识欠佳。因此，中国服务型企业应当学习日本规范系统的人才培养机制、兼容并包的学习精神、严谨细致的工作作风、注重团队精神和整体利益、注重实际效果的政策、高度敬业的职业态度。

七、重庆新生活后勤服务管理有限公司总经理——朱荣建

第七位访谈对象是重庆新生活后勤服务管理有限公司总经理朱荣建。

他认为，企业发展的关键是要有自己的企业文化，企业文化的内容包括爱心、奉献、成长、使命，核心是树立正确的价值观。企业文化应该能够统一企业员工的思想意识，让企业员工更加积极向上，"优秀的企业文化是基于情感要素，因此将情感作为公司的文化核心是合适的"（朱荣建，2017）。当员工的个性与企业文化产生不适应时，要以情感去帮助员工不断适应。

朱荣建认为，企业文化中情感要素会使得企业员工处处为企业着想，能够激励员工，在建设企业文化时要多关心、关爱、鼓励员工，要不断指导引导、纠正员工的价值趋向。他认为，顾客更加看重文化情感，因为服务水平和品牌效应是文化情感的延伸，情感能够提高客户的满意度。企业文化尤其是企业的情感要素对提高客户忠诚度有积极意义，情感就是爱心，客户当然愿意继续跟一个有爱心的企业合作。

关于对"阳光心态""爱与成长""婉容生活""充满关爱"和"互助互爱"的认识，朱荣建指出，"阳光心态"更能促使企业文化健康建设，因为它要求员工积极乐观地去面对工作，要多鼓励、多关心员工才能把"阳光心态"更快地融入企业文化建设中去。"爱与成长"就是关心帮助的意思，关心员工就是关心企业，帮助员工就是帮助企业，要把"爱与成长"纳入企业的制度化去落实。"婉容生活"是每个人都应该追求的人生目标，要把"婉容生活"融入企业文化建设就是要引导全体员工用爱心对待工作。"充满关爱"管理观的意义在于企业关爱员工，员工就会更有爱心，因为爱心是企业文化的基础，至于应该如何将"充满关爱"的管理观融入企业文化建设，员工犯了错不要只看犯错的结果，更要看犯错的动机，要关心犯错的动机并且要去帮助他改正。"互助互爱"的人际观是企业文化建设的桥梁，它的意义是最终实现企业爱员工，员工也爱企业，要采取先主动爱员工的方式，让"互助互爱"的人际观融入企业文化建设。

关于对日本企业文化的认识，朱荣建认为，日本"一期一会"的精神是指要珍惜人与人之间每次的相处，把每次相处都当作最后一次，人们就会很用心、很珍惜相处的时光。他认为，日本服务型企业文化、"一期一会"的精神强调的是爱心管理，而中国服务型企业文化强调的是业绩管理，如果把爱心管理和业绩管理进行同步共同管理，这样企业就会更加强大。日本有一些方面值得中国学习，尤其是在情感要素方面中国与日本存在差别，日本强调的是关爱员工、促使员工自觉工作，让员工有荣誉感、有使命感地工作，这些都是值得学习的；在情感要素方面的差别在于日本采取充分关爱、充分尊重员工的理念管理企业，而中国的管理大多数都比较官僚，不太关注员工的工作感受和地位。

八、广西新生活后勤服务管理股份有限公司品牌文化中心负责人——黄丹丹

第八位访谈对象是广西新生活后勤服务管理股份有限公司品牌文化中心负责人黄丹丹，她认为，企业发展的关键是要有一个有远见、有能力的领导人，一个高效执行力强的团队，一个凝聚人的组织文化，以上缺一不可。企业文化包括制度、价值观、行为准则、企业发展历史、企业发展愿景、社会责任等，企业文化的核心是价值观。她认为，企业文化能够同化这个组织的人，形成共同的行为模式和道德标准，通过员工的行为和产品强化品牌形象，企业文化的竞争优势在于独特的企业文化能使企业与同类型的竞争对手在第一时间被区分开来，能够让客户在选择产品或服务时有所考量，能够吸引对企业文化认可的客户群体，并且被记住。黄丹丹指出，将情感作为公司的文化核心并不合适，只有情感没有制度的组织文化不是合理和科学的。"当员工的个性与企业文化产生不适应时，要尊重员工的个性，给予足够的时间适应，并且让这名员工尽快融入组织"（黄丹丹，2017）。如果最终还是不适应，只能说明这个员工的价值观跟公司的组织文化与价值观是有偏离的，这样的员工也不适合留在公司。企业文化首先要让大多数员工认同，应该具有普世价值，在这个基础上的情感要素才有意义。

黄丹丹认为，企业文化中情感要素对提高员工忠诚有积极意义，人都是有感情的，一个有温度的企业很难培养出冷血的员工。企业文化中的情感要素能够激励员工，要用企业文化和价值观去指导企业制度的制定；说

之以理、诱之以利、压之以力。她认为,顾客更加看重服务水平、文化情感、品牌效应中的服务水平,但是顾客选择产品和服务时,会受到文化情感、品牌效应的影响。同时,企业文化中的情感要素会影响员工所提供服务的质量和带给客户的感受,一个热爱公司、心态阳光、乐于奉献的员工,一定会提供让客户满意的服务。她认为,不会有人拒绝一个面带微笑、为顾客提供极致服务的人再次为其服务。就像之前所说,企业文化中的情感要素会影响员工所提供服务的质量和带给客户的感受,一个热爱公司、心态阳光、乐于奉献的员工,一定会提供让客户满意的服务,进而提高行业的客户忠诚度。

关于对"阳光心态""爱与成长""婉容生活""充满关爱"和"互助互爱"的认识,黄丹丹认为,"阳光心态"强调的是积极正面的情绪和精神状态,这种状态是会感染人的。传播正能量,就是传递正确的价值观,这样的价值观引导下的企业文化必定也是激励员工乐观向上的。在企业文化建设中,歌颂榜样,批评消极负面的东西;引导并帮助员工学习和开阔视野,格局提升了,心胸自然宽广,心态自然阳光;鼓励和倡导员工热爱生活,学会享受当下拥有的东西,学会感恩。她认为,付出爱、收获成长;成长不忘回馈公司,感受被公司关爱。"爱与成长"的发展观是员工与企业的良性互动、是互相成全的过程、是爱与被爱的最佳诠释。在企业文化建设中,要让员工感受到被公司尊重,给予员工实实在在的关爱,在员工需要帮助时能挺身而出;给员工创造学习和晋升的机会,帮助员工合理规划职业发展。在黄丹丹看来,"婉容"的意义是她在来到新生活后才了解的,"婉容"其实是公司"爱与成长"核心价值观的另外一种诠释,只有心怀大爱、有阳光心态、热爱生活和学习的人,才会有"婉容生活",这是对企业文化的总结和升华。她认为,应该让员工感受到被关爱,"怀大爱心,做小事情"的公司精神才有说服力和感染力,"爱的管理"应该形成制度,有具体的措施和政策,从而变成公司的文化。"互助互爱"的人际观会打造和谐友爱的环境氛围,让员工在新生活工作感到开心愉悦,从而加深对企业文化的认可,应该倡导互助友爱的氛围,赞扬互助友爱的行为,感恩提供帮助的同事,在企业文化建设过程中,让这些正面的东西多被听到、看到。

关于对日本企业文化的认识，黄丹丹认为，"一期一会"用一个词来概括就是珍惜，把每次见面都当成今生的最后一次见面来珍惜，自然会倾其所能地对对方好。在访谈中笔者了解到黄丹丹认为自己不是特别了解日本的企业文化，也许会说得不客观，在她的理解中，日本服务型企业文化追求极致，但是"一期一会"强调员工对客户的付出和爱，忽略了员工也需要被"一期一会"对待的情感需求。中国和日本的服务型企业文化建设都有同一个目的，那就是给员工正面影响，从而为客户提供满意的服务。日本人做事情追求极致、精细，讲究商业哲学和美学，这些都是值得学习的，在情感要素方面，她认为最大的差别在于中国企业更关注员工的情感需求。

九、广西新生活后勤服务管理股份有限公司总经理——熊静明

第九位访谈对象是广西新生活后勤服务管理股份有限公司总经理熊静明，他认为，企业发展的关键是人才和战略。企业文化内容包括企业形象宣传、企业价值观、企业环境、榜样人物、企业仪式、员工服装、统一的行为举止等，核心是企业的价值观。企业文化重视对干部和员工的培训，注重员工的分享，追求团队作战和规模化。他认为，将情感作为公司的文化核心并不合适，文化核心应该是企业统一的价值观。

他认为，要采取一系列的方法才能使企业文化渗透到经营管理的方方面面中：一是用讲故事的方式，重温企业的创业史；二是树立企业的榜样，并通过各种方式进行宣传；三是必要的仪式感，如列队喊口号、会前唱歌、手语舞等；四是在经营活动和服务中，处处强调公司的精神"怀大爱心，做小事情"；五是企业外化形象统一，如统一的服装、门牌、装饰、宣传资料等；六是制定企业制度要以人为本，管理者提倡公司文化时要以身作则；七是对违背企业文化的行为和人员要进行处罚；八是在会议和培训中不断地重复和宣贯公司的理念、价值观，使企业管理思想在员工中潜

移默化地形成共同认知；九是不断在企业各种场合形成公司文化的氛围，在这种文化氛围中，即使持守相悖的人也会慢慢身不由己地融入这一企业文化中。当员工的个性与企业文化产生不适应时应该做到以下几点：要再次强调公司的文化，找到双方的共识；从员工和公司的角度来解释公司文化的合理性；营造团队的氛围来融化员工的个性；再次宣贯公司的榜样和标杆；用其他员工的分享来进行感化；解决有个性员工的实际困难；与员工共同面对困难和压力。

熊静明（2017）认为，企业文化中情感要素可以提高员工对公司的认同，使企业高层可以与员工进行心与心的交流，进一步加深企业对员工的尊重，更容易坚持以人为本的管理理念，从而提高员工对公司的忠诚度。"企业文化中的情感要素肯定可以激励员工"，熊静明用一句话概括了情感要素的作用，即士为知己者死。他认为顾客更看重文化情感这一点，情感要素当然可以提高客户的满意度。企业文化尤其是企业的情感要素可以加深用户对公司的认同，在同等的条件下，客户更愿意与一家有文化的公司续约，企业文化可以让客户看到企业永续经营的基础，企业文化可以加深客户对企业品牌的认知。

关于对"阳光心态""爱与成长""婉容生活""充满关爱"和"互助互爱"的认识，熊静明认为，"阳光心态"可以使人保持热情，可以让企业很方便地实行正能量管理，对于宣贯企业的理念和精神起到了积极的作用，而企业文化建设除了需要员工积极参与外，还需要员工保持积极的心态，具备一定的抗压能力，面对困难和挫折，善于自我激励、自我调整。"阳光心态"是一种人的精神状态，同时也是企业的精神状态，两者是互相影响的，一旦形成正循环，对企业文化的建设将起巨大的作用。应该培训"阳光心态"的知识和行为，树立"阳光心态"的榜样人物并不断宣传，培养"阳光心态"的行为举止，营造团队的"阳光心态"氛围，举办"阳光心态"的演讲比赛等活动，在企业经营活动或与客户的交流会中主动展现自己阳光的一面。"爱和成长"是企业发展的主旋律，有爱心才能持续地做好小事情，有爱心的服务才能发自内心、才能提供心贴心的服务，才能赢得客户的信任。企业文化不仅是企业的精神支柱，也是培养员工的沃土。长期受到企业文化熏陶的员工，能够很快地成长起来，因为在"爱和成长"发展观的影响下，员工会主动地尊重客户、服务客户，急客户之所急、想客户之所想。也会在成长中找到自己的价值和成就感。他认为，应该将"爱与成长"融入企业文化建设，在企业中倡导"我们都是一家人"的理念，互相尊重、互相关爱，要加强培训，随人随事、随时随地进行培训，让员工获得足够的成长空间，大力宣传取得成绩的榜样员工。除此以外，还要制定关怀员工的福利政策，拜访员工的家人或给他们寄去问候，举办"爱和成长"的专题晚会、比赛等活动。熊静明认为，"婉容"实际上是一种发自内心的态度在脸上的具体体现，"婉容生活"不仅倡导一种文明礼仪，更重要的是提倡一种发自内心的服务态度，即心贴心的服务。它对企业文化建设的意义是重大的，在企业文化建设中加入"婉容生活"，就是特别强调在服务中的"真诚"二字。坦诚面对客户，真心地解决他们的问题，更容易与客户取得共识，达成一致。特别是在面对服务中的困难时，容易得到客户的理解和支持，更有效地提高服务效果。新生活公司强调"爱和成长"的主旋律，在管理中要处处体现出来，在新生活公司，有的员工也许不那么成功，但是他一定要成长，这是熊静明对每一位新生活员工的要求。爱是可以传递的，当员工感受到了公司的关爱、同事的"互助互爱"，自然就会把爱传递到客户那里，公司提出"充满关爱"的管理观简单地说就是要把爱心在员工中传递，在客户中传递，形成新生活公司鲜明的企业文化烙印。

关于对日本企业文化的认识，熊静明认为，"一期一会"是日本茶道文化中的一种说法，意思是指，一生只能遇到一次的唯一的人或事物。在茶道里，指表演茶道的人会在心里怀着"一生只相遇一次"的心情来诚心礼遇面前每一位来品茶的客人。同样在服务中也要用"一期一会"的精神来对待客户，将每一位服务的客户都当成一生只相遇一次的客户，就能把自己的真心、诚心拿出来，这是一种很高的服务境界，值得一生去修炼。日本的服务文化除了强调服务形式和仪式外，也特别强调内心的真诚流露，真心对客户好，还要让客户感觉到。特别注重细节服务，他们提出的"一期一会"精神实际上是把对客户的服务提升到对远方亲人的服务，对亲人的服务需要拿出爱和真诚，这是日本服务文化与中国服务文化的区别。中国服务文化强调"有朋自远方来，不亦乐乎"，也是真心待人的意思。

第五节　相关行业专家对企业文化建设和情感要素的理解

笔者对经济界、法律界、教育界的 11 名专家进行了高端访谈，了解了他们对企业文化建设和情感要素的理解，访谈对象包括北京约瑟投资有限公司董事长陈九霖，北京悦聚信息科技有限公司 CEO 王昆鹏，维度智华管理顾问（北京）有限公司执行董事谢文博，青岛德系智能装备股份有限公司董事长周翔，科特勒咨询集团（KMG）中国区管理合伙人王赛，北京海天恒基装饰集团董事长海军，汉能控股集团副总裁籍东，泰和泰（北京）律师事务所执行合伙人张凌，北京市东易律师事务所合伙人律师黄文涛，清华大学继续教育学院院长高策理，加拿大女王大学城市与区域规划学院院长、教授梁鹤年。

一、北京约瑟投资有限公司董事长——陈九霖

第一位访谈对象是经济界精英、北京约瑟投资有限公司董事长陈九霖，他认为企业发展的关键是人才，一个处于上升阶段的企业应在人才培训上加大投入：一方面，人才是企业持续发展的必需要素；另一方面，人才有助于企业文化的形成，从而吸引更多优秀的人才加入企业大家庭。"当员工的个性与企业文化产生不适应的时候，在保证业务的前提下，应鼓励员工的个性化发展，营造自由开放的企业环境。"（陈九霖，2017）同时，管理层应及时反思企业的制度是否足够人性化，是否响应了时代的潮

流。应始终坚持以人为本的原则，因为企业是由员工组成的大家庭，人才是企业无形的，也是最重要的财富。

陈九霖指出，根据马斯洛需求层次理论，人除了吃饱喝足等物质层面的需求，更注重归属感、被社会认可以及实现自我价值等精神层面的需求。舍得在员工身上投资感情的企业，势必会让员工认为企业是时刻关注他的，他的自我价值得到了外界认可，工作的原动力也就随之增强了，因此，情感要素能够提高企业员工的忠诚度，激励员工的工作积极性。他认为，品牌效应吸引顾客，服务水平是基础，文化情感是灵魂，这三项相辅相成，缺一不可。情感要素讲究的是发掘顾客的内心需求并加以满足。只有当员工提供的服务高于顾客的期望值，顾客的满意度才能上升，这就要求员工的服务不能局限于动作层面，还要在精神层面上有所发掘。优秀的企业文化以及情感要素能提升员工对企业的认可度以及归属感，从而更有效地激励员工提升服务水平，企业的服务水准高了，在业界的口碑自然就好了，客户忠诚度当然也就随之提高了。

关于对"阳光心态""爱与成长""婉容生活""充满关爱"和"互助互爱"的认识，陈九霖认为，"阳光心态"不仅指乐观，更需要人们能够清楚地意识到和接受眼前的挑战，学会坚守。如果是一家普通的企业只会遇到普通的挫折，而想要成为最好的企业，就一定会遇到最强的挑战。世上没有免费的午餐，只有当企业坦诚地接受挑战，不逃避、不放弃，才能上升到一个新的台阶。为了达到这一目的，公司一直坚持组织全员读好书活动，以及定期的学习旅游项目，目的就是让员工们见多识广，见的多了，心态也就阳光了。"婉容生活"的字面意思是和顺的仪容，这对于一家服务型企业，显然是基本的要求，但如何让员工坚持下去，做到由内而发，是需要教育的。相信最好的教育应该是润物细无声的，最好的企业文化也当如此。为了达到这一目的，应当设计文化实践以及学习实践活动，通过管理层读书分享活动、建立学院以及印刷集团刊物，在公司上下形成非常浓厚的学习氛围，引导员工走向真善美，才能够心怀大爱地将每一件平凡的小事做到极致。

对日本企业文化的认识，陈九霖认为，"一期一会"是日本茶道中的一个基本理念，日本人认为人与人之间的每一次见面都是仅有的一次见面，也许下一次还有机会再见，但两次见面的时间和空间是不同的，所以要全力把这一次的服务做好，让客人接受到最完美的服务。在对中国和日本企业文化差异的认识上，陈九霖指出，中国的服务对待老客户很热情，但对待新客户往往很马虎，心想反正你只来这一次，就应付了事，过于着眼未来，却忽视了当下。相反，日本人更注重把当下的事做到极致。然而换个角度反思，中国的做法并没有着眼未来，服务质量的好坏顾客其实心中有数，只有用心付出才能有效地提高顾客回头率，所以他认为日本的"一期一会"精神通过把握当下来提升企业的长远利益。当前，中国处于经济高速发展时期，过度追求效率容易让服务局限在动作层面，忽视了顾客的精神需求，应该借鉴日本的匠人精神，学会将事情做到极致。相信随着服务产业竞争激烈程度的不断加大，优秀的情感要素将逐渐成为企业脱颖而出的必要软实力。

二、北京悦聚信息科技有限公司 CEO——王昆鹏

第二位访谈对象是经济界精英、北京悦聚信息科技有限公司 CEO 王昆鹏，他认为，企业发展的关键是要有清晰的战略、不断增强的核心竞争力、强大的团队战斗力。企业文化的内容包括共同的愿景、使命、价值观，团队的凝聚力、战斗力、创新力以及人文关怀，核心是价值观的认同。他认为，每个企业都应有自己的企业文化，就和每个人都有自己的性格差异一样，企业文化没有最好，只有最适合。他并不认为情感是企业文化的核心，情感要素仅仅只是企业文化的载体；情感承载着企业文化的传递、营造、优化、落地。当员工的个性与企业文化产生不适应时，应当尊重差异，包容个性，但不能触及企业文化的共同认知。换句话说，个性必须建立在企业文化统一的基础上；如果个性与文化产生不适应，管理者要及时发现并明确指出哪些个性的行为是与企业文化不符的，给予个体指导。如果个性无法适应企业文化，甚至对企业文化有破坏，则要及时消除个性的影响。好的企业文化并不压抑个性，相反可以利用个性让企业文化

更加添彩。

王昆鹏（2017）认为，文化要根植于人内心的认同，情感要素对提高员工忠诚的意义就在于塑造团队的集体认同，并通过行为规范，将这种认同落实到企业的经营管理实践中，信任、关爱、鼓励、鞭策，这都需要情感因素来实现。情感要素能够激励员工，但不稳定，情感可以作为激励的一部分。他认为，"顾客更加看重高水平服务中透露出来的文化情感，是尊重、友善、关爱、喜悦等好的情感的传递"。好的情感要素，肯定能够提高客户的满意度，但前提是产品和服务的水平要满足客户需求，否则情感要素便很脆弱。他认为，企业文化和情感要素不是为了提高客户忠诚度。必须承认，好的企业文化是要为企业的经营服务的，不带来经营增长的企业文化，不是好的企业文化。客户忠诚度只是企业经营的一部分，情感因素会对提高客户忠诚度有帮助，但不是根本。客户看重的是产品和服务满足了需求，超出了预期，愿意为此继续购买，而情感因素只是其中的一部分，好的产品，本身就是情感因素的表达。

关于对"阳光心态""爱与成长""婉容生活""充满关爱"和"互助互爱"的认识，王昆鹏认为，"阳光心态"就是开放、透明、开诚布公，直面问题，不掩饰、不逃避，积极正能量；"爱与成长"是以人为本的理念，提倡人与人之间的相互关爱，促进每一个个体的心灵、工作能力和思维方式的成长，企业文化的关键在于每一个个体的认同，而"爱与成长"是个体最基本的情感诉求，将这一理念融入企业文化中，会增加团队的温度；"充满关爱"的管理观对应于僵化的、教条的、冷冰冰的管理，而赋予关爱温暖、包容呵护的观念，实事求是地说，人人都向往充满关爱，但是在管理面前，关爱要让位于流程、制度、规则和绩效结果，或者说，关爱要建立在服务于组织目标的基础上，否则这种关爱便没有意义；"互助互爱"的人际观是团队成员之间能够相互帮助、相互鼓励、相互关爱，从而形成"心往一处想，劲儿往一处使"的效果，这是企业文化的重要组成部分。

对日本企业文化的认识，王昆鹏认为，"一期一会"是日本文化的一种产物。由于日本岛国资源匮乏、地震多发等原因，民众普遍有危机意识，对每一个当下的人和事，都格外珍惜，认为可能离开这个场景，所有的人和事都有可能不复存在。所以，"一期一会"透露出一种珍惜当下每一个服务于顾客的机会，让顾客感受到最细致、最温暖、最舒适的感觉，每一次服务都当作今生唯一的一次，宾主双方都留下美好的印象。这种精神，其实是日本"极致服务体验"的一个诱因。中日企业的服务还存在一定的差距，这其中的原因很复杂，包括社会文化、企业文化、管理者与员工素质等多个方面因素。中国市场的确很大，资源也非常丰富，这对服务型企业而言，很难塑造"一期一会"这样的理念，员工对这一理念的理解和认同也需要时间。所以，他不认为日本的"一期一会"精神是中国服务型企业的"灵丹妙药"。如果从"情感要素"上分析中日的差别，可以有以下几个方面的认识：第一，情感要素是在长期的文化影响中，形成的集体认知，日本社会的"静""净""敬""精"四个字，就是这样形成的；第二，情感要素在企业文化中的作用，是润滑剂，但不是本质，企业文化需要制度和行为规范的建立，通过情感要素来传递和营造，最终形成集体认同；第三，不能以日本企业的情感要素往中国企业上照搬，应该针对企业的具体发展阶段，更注重在具体实践中着力，包括在标准化、流程化、细致化操作中去培养和优化。

三、维度智华管理顾问（北京）有限公司执行董事——谢文博

第三位访谈对象是经济界精英、维度智华管理顾问（北京）有限公司执行董事谢文博，他认为，企业发展的关键是人才，人才是一切的基础。企业文化包括行为准则、企业氛围、企业价值观等，核心是企业价值观，即明确企业什么事情是正确的、什么事情是错误的，是企业的一个基础的判断标准。"企业文化是一个企业的灵魂，是一个企业的血肉"（谢文博，2017），应该体现出一个企业的"精气神"。企业通过企业文化，有效地驱动和组织员工进行生产工作，从而实现企业竞争优势。

谢文博认为，企业文化中的情感要素对于提升员工忠诚度只是辅助作

用，不能起到决定性作用，重要的是让员工认同公司的企业文化、企业价值观。员工和企业思想高度一致时，员工的忠诚度自然提升了。用情感要素提升员工忠诚度，有"留"的意味；而如果员工认同公司的价值观，则是自然的"吸引"。情感要素会对员工带来激励，但亦可能会带来员工非职业表现等负面效果。在前期，品牌效应对顾客的影响会更大，但在接受服务的过程中，服务水平、文化情感则会起到重要的作用，尤其是对于重复购买的客户，文化情感因素有时会起决定性作用。情感要素对提高客户忠诚度会起到辅助作用，但绝非决定性作用，毕竟员工进企业是来谋求职业发展、物质收入、个人成长，情感要素可以期待锦上添花的效果，但绝非核心作用。

关于对"阳光心态""爱与成长""婉容生活""充满关爱"和"互助互爱"的认识，谢文博认为，任何企业文化都应该是公开、透明的，杜绝企业"小圈子"，因此，"阳光心态"对于建立健康的企业文化会起到积极作用。"爱与成长"是企业文化乃至企业经营的关键要素，爱即为关爱，在情感要素之上，更多地应该体现为企业对员工的包容和关怀，比如对于落后员工。这样的包容和关怀既有情感要素，更多的是体现企业的态度。成长则是企业对于员工的基本责任，任何企业要发展，必须先培养人，因此，企业文化必须为这样的一个目标而服务，必须形成一个有利于员工共同成长的企业文化。如果将"关爱"视为企业的价值观，则对企业文化建设带来正向意义，提升员工的忠诚度和团结力，"充满关爱"的管理，应该从企业的具体行为方法来体现和落实，尤其是如何对待后进员工。

对日本企业文化的认识，谢文博认为，现在"一期一会"已成为日本社会的普遍价值观，日本人重视当下这一次的际会，因此，从文化和价值观上，推动了日本服务水平的提升。他认为在中国，商业理论更重视回头客，如果只是来一次的客人，往往得不到商家的重视和贴心服务。这在日本则相反，日本认为即便是回头客。每一次的服务都是唯一的一次，只有做好了每一次的"唯一"，才会有更多的回头客，中国要提升服务水平，必须摒弃这种过于注重眼前利益的思维方式。谢文博指出，日本有许多方面值得中国学习，例如，日本企业强调企业就是大家庭，把员工真正当成家庭的一员。所谓家庭的一员，就是当他成功时，你为他喝彩；当他失败时，你不会抛弃他，而是帮助他成长。日本企业很少因为员工能力不够而开除员工，这一点许多中国企业无法做到。如果采取"末位淘汰"，则很难说这个企业是大家庭似的企业，也很难在企业与员工之间形成真正的情感纽带。

四、青岛德系智能装备股份有限公司董事长——周翔

第四位访谈对象是经济界精英、青岛德系智能装备股份有限公司董事长周翔，他认为，企业发展的关键有三点：一是有竞争力的核心产品，二是有人才战略，三是拥有与每个发展阶段相适应的企业文化。他认为，企业文化包括企业领头人的价值观、高管的价值观、核心团队的价值观，以上价值观的核心在于如何平衡员工个人利益与企业利益之间的关系，一切企业文化都应围绕这一主题进行设计。企业文化需要获得员工的共鸣和认同感，有共鸣的企业文化和价值观会让企业员工有归属感，在市场中有自豪感和优越感。"情感是企业文化的要素之一，需要根据不同性质、体制、行业属性、工作环境、工作方法以及最重要的该企业领头人的性格特点，才能确定是否可以为核心内容。"（周翔，2017）比如，德国技术类制造类企业一般不会把情感作为核心要素，会把对技术的精益求精和对产品的严谨务实作为核心价值观发扬传承。因此，是否适合取决于很多要素，不能一概而论。

周翔认为，情感要素的适当应用有利于增进企业员工对本企业的归属感和亲近感。适当的情感可以激励员工，但需要针对不同性格、职级和工种的员工采取不同的激励程度和手段，这个问题相当复杂，企业的本质是高效的赚钱组织，主要目的是赚取利润，一切的经营和管理活动全部应围绕该目的，但情感的本质是不应与经济利益挂钩的，否则将变得虚假和没有意义，因此，如何将人性美好的东西与资本无情的本质结合起来，将是企业家的一道难题。周翔指出，对于服务类企业来说，以服务水平为最核心的客户价值，文化情感其实是内因，内因的积累发展决定了服务水平这

一外因，从而积累和表象为品牌的美誉度和知名度，这其实是一系列的企业 CI 的管理和养成工程。适当的情感要素投入能在一定程度上提高客户忠诚度，但要区别于不同级别和工种以及行业属性，受教育程度的高低、家庭背景的不同、不同地域消费水平的高低，都将是决定情感要素是否奏效和有效程度的必要条件和因素。

关于对"阳光心态""爱与成长""婉容生活""充满关爱"和"互助互爱"的认识，周翔认为，"阳光心态"是一种非常健康的心理暗示，这种精神观是一种生活态度，包括工作和生活，乃至人生观的形成建立，企业文化中若能善用该生活态度，将是非常有意义的。阳光心态的融入，一定要伴随大大小小阳光心态的事例所造就的物质成果，如同"吸引力法则"和"爱的力量"一样，又如同"快乐和意义的结合"，这些健康和正能量的心态无一例外地会让人获得更多物质上的收获，只有突出这种效应，才能使员工逐渐认同并学会运用以上"健康法则"。他认为，"婉容生活"这个词是非常有创意和品位的，非常有益于企业文化建设，从价值观建立的基本面上来说，是成功的开始。"婉容生活"需要获得员工的认同感，需要员工有机会体验到"婉容生活"的惬意和美好，也得到精神的升华和洗礼。关于"充满关爱"的管理观，周翔认为人的本性必定是希望得到关爱，在企业中得到关爱是很奢侈的，因此这是非常有意义的事情，在于使员工拥有归属感和亲切感，进而会提高忠诚度。"充满关爱"需要一种制度规范、一种传帮带的体系建立、一种亲朋好友文化，需要花力气让员工从一些小小的动作和行为做起。

五、科特勒咨询集团中国区管理合伙人——王赛

第五位访谈对象是经济界精英、科特勒咨询集团（KMG）中国区管理合伙人王赛，他认为，企业发展的关键有三个方面：一是商业模式，这是企业能够到达的高度；二是团队建设和执行能力提高，它反映了企业文化；三是建立激励机制，充分调动员工的积极性。王赛认为，企业文化中情感要素能够引导员工学会如何服务客户，客户会从员工的服务中认识企

业，在服务型企业中，情感是留人的重要因素。

关于对"阳光心态""爱与成长""婉容生活""充满关爱"和"互助互爱"的认识，王赛（2017）认为，"服务型企业以人为核心，人与人有接触面，服务就是产品，作为载体的人的精神就是客户的感知"，"阳光心态"由内到外散发出一种正能量，能够让客户感知到积极的情感。发展观本身就蕴含着成长，而"爱与成长"是以爱为核心的成长体系，爱是凝聚人的要素，成长是凝聚人的第二步，是把人看成目的，不是人力资源和资本。王赛指出，一流企业家是造人的，在当今社会对企业员工进行人生观塑造必然会遇到阻碍，比如遭遇员工的反感。然而只要有一种包容性很大的人生观作为共同的目标，那么员工人生观的塑造就会较为容易实现，"婉容生活"就是一种包容性很大的人生观。提倡一种全新的看待人生和工作的态度，是一种超出工作外的引导，是作为服务型企业文化建设的重要激励要素。

六、北京海天恒基装饰集团董事长——海军

第六位访谈对象是经济界精英、北京海天恒基装饰集团董事长海军，他认为，企业发展的关键是团队，企业文化的内容有使命、愿景、价值观，核心是价值观。企业文化的特色在于它对团队具有导向性、排他性、支撑性，竞争优势在于企业文化打造得越好，特色便会越强，会起到凝聚力的作用。他认为，将情感作为公司的文化核心是否合适要看每个公司的特征，如果是一个劳动密集型的公司，需要更多温暖的体现，那么将情感要素作为公司的文化核心是非常有必要的。要从上至下地宣传并从上至下用行动去表现，只有反反复复地渗透和强调，才能把企业文化渗透到经营管理的方方面面中。同时，还必须用一些管理工具，比如绩效、奖励、处罚等来导向。

海军认为，企业文化中情感要素对提高员工忠诚有重要意义，主要起了一个加强的作用，他认为，企业文化中的情感要素当然能够激励员工。对于顾客更加看重服务水平、文化情感、品牌效应中的哪一项，他认为这

个要看企业属于哪种类型，比如一个企业是做面对面服务的，那当然是服务的水平尤为重要，然后再加上文化情感和品牌效应。"当一个企业仅是卖商品，那它更看重的是品牌效应和文化情感"（海军，2017），海军同时还强调情感要素能够提高客户的满意度，它是能起到促进作用的。企业文化尤其是企业的情感要素对提高客户忠诚度没有绝对意义，只有辅助性意义。

关于对"阳光心态""爱与成长""婉容生活""充满关爱"和"互助互爱"的认识，海军认为，"阳光心态"对企业文化有一定导向性的意义，是正面的。因为所有的企业文化都需要"阳光心态"，它是基础，正如前文所述，要从下至上地用宣传和行动来导向。在海军看来，"爱与成长"的发展观就是对员工的关注，尤其是对员工成长的帮助，这个与企业文化建设息息相关、相辅相成。他对"婉容生活"的理解是阳光成果，这与"阳光心态""爱与成长"都是相通的，对企业文化建设肯定有较大的促进意义。"互助互爱"会让团队、同事之间更加融洽相处，这对企业文化建设有较大的帮助，对企业效益有较大的提升。

七、汉能控股集团副总裁——籍东

第七位访谈对象是经济界精英、汉能控股集团副总裁籍东，他认为，企业发展的关键是战略、文化、产品和人才。企业文化包括以下几个方面：一是企业精神文化，即企业的价值观；二是企业的制度文化，即企业各种规章制度所承载的文化信息；三是企业的行为文化，即企业全体员工的行为方式所体现出的文化信息；四是企业的物质文化，即企业的产品、服务等具体的实物所承载的文化。他认为，"精神文化是企业文化的核心，中层企业文化为制度文化，外层为行为文化，表层为物质文化"。籍东指出，将情感作为公司的文化核心是合适的，优秀的企业文化是基于情感要素的，企业文化要通过理念教育、制度明确、行为规范等层面渗透到公司的经营管理领域，把文化放到员工看得到、听得到、感受得到的地方。

籍东认为，企业文化中情感要素对提高员工忠诚有积极意义，在企业内部管理中，作为领导者，不仅要依靠一些物质手段激励员工，还要着眼于员工的感情生活，与下属进行思想沟通和情感交流是非常重要的一种管理方式。如果员工对公司有很深厚的感情，觉得在公司有存在感、有价值感，会对公司有更强的认同感，以情感为纽带，更能激发员工的忠诚，同时还能够激励员工。他认为，顾客更加看重服务水平、文化情感、品牌效应中的文化情感。企业收入来源于客户，客户的重复购买行为、购买数量等直接影响到企业的效益增长。企业只有创造出与竞争对手不同的差异化产品或服务理念，也就是"文化情感"，才能始终抓住客户。企业文化尤其是企业的情感要素对提高客户忠诚度有重要意义，对内，情感要素能够提高员工的忠诚度，实现劳动合同的续签；对外，情感要素能够提高客户的忠诚度，实现产品、服务合同的续签。

关于对"阳光心态""爱与成长""婉容生活""充满关爱"和"互助互爱"的认识，籍东认为，拥有"阳光心态"的人，把工作当成自我实现的带薪学习过程，而不是仅仅是在为老板打工，为赚钱而工作。职场中不是缺少快乐，而是缺少发现快乐的眼睛；工作中不是没有快乐，而是没有制造快乐的能力。拥有发现快乐的眼睛和制造快乐的能力，工作的场所就会是一个令人心情舒畅的场所，工作的过程就是一个享受乐趣的过程。"爱与成长"为企业文化建设奠定了基础，爱在责任中成长，在企业文化建设过程中，爱可以使员工与企业和谐相处，引导员工形成共同的价值观，构建和谐企业，增强企业凝聚力，使企业在激烈的市场竞争中实现可持续发展。富有特色的企业文化，可以成为一个企业持续发展的基石。"充满关爱"的管理对企业文化建设有积极的意义，给员工关爱，是员工激励的一种手段，只有员工的工作积极性增加，才可以为企业创造价值。充满关爱的管理理念是一种智慧的理念，需要上下级进行实时的互动、实时的分享、实时的感恩，这样在塑造企业文化的同时也将爱融入企业文化当中。墨子讲"人际和谐、互助互爱"，人们生活在一个群体的社会，生活是建立在群体的关系上的，这就需要互助互爱的共生关系，这样有利于企业整体向上，形成良好的企业氛围。

对日本企业文化的认识，籍东认为，日本的"一期一会"体现的是佛教的无常思想，"难得见面，世当珍惜"，是将结局的悲观情绪转化为对现世的积极作为。提醒人们要珍惜每个瞬间的机缘，并为人生中可能仅有的一次相会，付出全部的心力。若因漫不经心轻忽了眼前所有，那会是比擦身而过更为深刻的遗憾。他认为，中国和日本文化具有差异性，从区别方面看，结合日本企业文化大背景，其工作重心是以产品为载体，以经验积累为顾客提供完整的服务，"一期一会"主要是传递一种全力以赴、不留遗憾的精神，注重结果；中国服务型企业在大背景上是一致的。因此，一般说来，中国的服务型企业能比较容易地理解客户的需求，弄清客户的业务流程，从而制定出适合客户需求的服务方案，较好地满足客户的需求。从联系方面看，中日两国的共同点就是人力资本在企业资本中的占比高，人力资本已经成为服务型企业的"第一资源"。服务型企业的经营理念是一切以顾客的需求为中心，其工作重心是以产品为载体，为顾客提供完整的服务，其利润总额中，提供服务所创造的利润占据重要比例。与传统的产品型企业相比，服务型企业能够更好地满足顾客的要求，提高顾客的满意度和忠诚度，增加服务型企业的利润，增强服务型企业的市场竞争力。

八、泰和泰（北京）律师事务所执行合伙人——张凌

第八位访谈对象是法律界精英、泰和泰（北京）律师事务所执行合伙人张凌，他认为，企业发展的关键是有明确的发展战略、满足需求的人才和团队。企业文化的内容包括企业价值观、企业形象、企业环境、经营准则、行为准则、文化活动等，核心在于企业价值观的正确导向和统一。不同的企业具有不同的企业文化，不同的企业文化又具有不同的特色，但总体的作用体现在价值观导向、规范与约束、激励与凝聚等方面，从而提升企业形象，让企业具有不可模仿的特征。他认为，将情感作为公司的文化核心不合适，企业文化核心首先是树立正确的价值观，情感关怀的各种行为应当基于价值观导向。

张凌认为，"人是感情动物，企业文化中的情感要素必然能够成为员工与企业的黏合剂，提高员工的忠诚度"。情感要素是否能够激励员工他

认为还需要进一步观察，情感要素在凝聚员工方面发挥的作用是明显的，在激励方面的作用不一定。他在访谈中指出，客户购买的首先应该是产品和服务，因而产品和服务水平应该是客户第一关注的；情感要素可以弥补产品、服务的不足，提高客户满意度，但作用是有限的。

关于对"阳光心态""爱与成长""婉容生活""充满关爱"和"互助互爱"的认识，张凌认为，"阳光心态"精神观应用于企业文化建设主要是促进企业建立积极的价值观，倡导循序渐进、乐观向上、感恩付出，企业可通过培训、各种文化载体、文体活动、慈善公益活动等传递积极的"阳光心态"。作为感情动物的人类容易被爱感动、为爱付出，从而促进个人成长，进而促进企业发展，企业将"爱与成长"的理念融入文化建设中，可以让员工通过对企业文化的认知感受到自我的成长变化，从而更加积极地投入到工作中。"充满关爱"的管理观是"以人为本"管理观的具体体现，经济发展过程中，"以人为本"的管理观能够让人才感受到被关注、被关心、被关爱，从而为企业留住人才。"互助互爱"的人际观有利于为员工创造良好的工作环境，是企业文化建设中"环境文化"的重要部分，员工在舒适融洽的人际环境中更难以离弃。

关于对日本企业文化的理解，张凌认为，日本"一期一会"的精神强调珍惜生命中的每一次缘分，从而付出真心与真情。中国飞速发展的经济导致很多企业逐利式盲目发展，忽视了企业文化建设、忽略了员工教育与感受，日本服务业的"一期一会"强化了"真心服务"，从而让客户拥有更美好的感受，让员工体会到付出的快乐。日本企业的精细化管理值得中国学习，精细化管理既包括员工情感的管理，也包括客户情感的管理，日本企业在这方面的管理投入、管理思考都值得中国企业学习。

九、北京市东易律师事务所合伙人律师——黄文涛

第九位访谈对象是法律界精英、北京市东易律师事务所合伙人律师黄文涛，他认为，企业发展的关键在于领导层的领导力。企业文化包括企业的价值观、目标、经营理念、氛围、法律文化等，核心在于企业的价值

观，它是企业文化的集中体现。企业的文化特色在于带有本行业的特点，且与领导的背景有密切关系，如任正非当过兵，华为公司的企业文化就体现了军队特色。一个良好的企业文化是企业正常经营的保障，多年来，华为公司依靠自己的企业文化成为行业的领头羊。

黄文涛强调，情感要素是企业文化不可缺少的一部分，对于充分尊重员工的情感，一定会提高员工的忠诚度。情感会使员工更喜欢在公司中工作，可以更好地完成工作，它可以激励员工。他认为，"顾客更加看重服务水平，情感要素能够在一定程度上提高客户的满意度"。

关于对"阳光心态""爱与成长""婉容生活""充满关爱"和"互助互爱"的认识，黄文涛认为，"阳光心态"精神观对企业文化有正面意义，可以通过员工培训、心理疏导来将其融入企业文化。"爱与成长"发展观是企业文化的重要组成部分，通过组织员工的关爱活动可以将其融入企业文化。"婉容生活"人生观是一种包容和适应环境的文化，这种包容来自于培训和员工的素质教育。"互助互爱"的人际观可以提高员工的凝聚力。

十、清华大学继续教育学院院长——高策理

第十位访谈对象是教育界精英、清华大学继续教育学院院长高策理，他认为，企业发展的关键要从内外两个方面看，对外是核心产品（服务）和质量保证，对内是公平制度和文化建设。企业文化的内容包括鼓励上进（激励）、包容后进（底线）、关心社会（慈善）、积极向上（健康），核心在于以人为本。企业文化要根植于所从事的业务和员工，要做到与实际相结合。竞争优势近在产品，远在服务，根本在于品牌建设。他认为，将情感要素作为企业文化的核心并不全面，应该是制度（机制）加情感，以法治企和以德治企相结合，利益冲突首先从制度上找原因，激发上进可以用情感做催化。

高策理认为，企业文化是对人的，因此情感要素相当重要，它包括荣誉感、归属感等，但是"企业文化中的情感要素是否能够激励员工需要进一步探讨，应该采取胡萝卜加大棒的方式"。他认为，顾客可以分为产品型和情感型，产品可以分为物化产品、服务产品，而后进行配对，从而提

高顾客的重视，用情感提高满意度很难，做不好适得其反，因此情感要素是否能够提高客户的满意度需要进一步研究。他认为，企业的情感要素对提高客户忠诚度有一定的积极意义，首先要认真分析客户忠诚度的影响因素，大多数人没有特殊情况会偏向于续签。

关于对"阳光心态""爱与成长""婉容生活""充满关爱"和"互助互爱"的认识，高策理认为，"阳光心态"其实也是包容心态，透明而又包容别人的不透明是至关重要的，如何在企业文化建设中体现阳光心态的重要性，可能要借助于文学影像作品，而不是简单地说教。他认为，"婉容生活"是一种婉约的美丽、无争的宁静，是一种大气的表现，要从细节着手，在文化建设中传递这种感情。"充满关爱"的管理观是对被管理者的严格要求与妥善处置的结合，体现在对规矩的尊重和对人的情感的照顾。"互助互爱"的人际观可以通过扶贫、去敬老院、去幼儿园等一些规模的教育，同时对企业员工、退休人员、生病员工尽可能地进行照顾，设立基金，体现物质和精神的双重关怀。

十一、加拿大女王大学城市与区域规划学院院长、教授——梁鹤年

第十一位访谈对象是教育界精英、加拿大女王大学城市与区域规划学院院长梁鹤年教授，他认为，企业发展的关键是稳定和持续的发展，但是发展不等于增长。企业文化的内容有的关于自存，有的关于共存，核心在于平衡二者。他认为，将情感作为公司的文化核心并不全面，情感是文化核心的一部分，还有公平原则等。当员工的个性与企业文化产生不适应时，要注意，"个性"是不能改的，勉强不会有幸福，双方都不会幸福，但循循善诱会感动人，上行下效也会感动人。

梁鹤年认为，"企业文化中情感要素会把员工忠诚从纯粹物质回报提升到物质与精神并重"。企业文化中的情感要素能够激励员工，但要配上公平，包括赏罚的公平和分配的公平。他认为，服务水平与文化情感是分不开的，情感要素肯定能够提高顾客满意度。

关于对"阳光心态""爱与成长""婉容生活""充满关爱"和"互助互爱"的认识，梁鹤年认为，"阳光心态"是感动人的，但作为企业文化建设的原则要配上"阳光行动"。爱是培养任何成长的要素，"爱"是"为对方好"，首先要明白什么是对方的"好"。根据梁鹤年的了解，"婉容"具有一种"婉顺"的意思，"顺"是"逆"的相反，作为文化建设的原则就是"上善若水"的"顺"。"充满关爱"关键在"充满"，如果"充满关爱"，"恶意"就没有滋生的空间。"互助互爱"的关键在"互"，是双方的事，每个人都可以助人、爱人，但互助、互爱就是一种成功的社会性文化。

第六节　新生活公司基层员工对企业文化建设和情感要素的理解

笔者对新生活公司的 10 名基层员工进行了访谈，了解了他们对企业文化建设和情感要素的理解，访谈对象包括 6 名护理员、4 名保洁员，男女比例为 1∶1，平均年龄为 47.5 岁，其中，高中学历 2 人，初中学历 6 人，小学学历 2 人。新生活基层员工的情况能够在一定程度上反映低技术、低地位、低学历的服务行业的现实状况，考虑到接受访谈的员工文化水平普遍不高，因此在访谈的过程中访谈提纲的内容做了一些调整，以便于他们进行回答，但是由于他们的知识水平有限，因此访谈的内容并不多，此处只做简单列表分析。如表 6-1 所示，接受访谈的 10 名新生活公司基层员工一致认为企业文化中的情感要素能够使其愿意长期为新生活公司工作，并且能够让他们更加具有工作动力。关于企业文化中是否应该多谈感情，仅有 3 人认为应该多谈，3 人反对，4 人保留意见。关于新生活公司企业文化中提倡的情感要素是否能够让客户满意，基层员工中有 6 人表示赞同，4 人不确定。情感交流是否能够让客户提高客户忠诚度，5 人表示支持这一观点，另外 5 人不确定。

表6-1　新生活公司基层员工对企业文化建设和情感要素的理解概况

序号	项目	支持	反对	不确定
1	新生活的企业文化是否富含情感，这些情感是否能够让您长期为新生活工作	蒙小清、陆爱珍、石文敏、叶碑兰、陈宇峰、龙美兰、莫小群、韦年升、周美玲、黄强		
2	您认为新生活企业文化中的情感是否能够让您更有工作动力	蒙小清、陆爱珍、石文敏、叶碑兰、陈宇峰、龙美兰、莫小群、韦年升、周美玲、黄强		
3	您认为公司的文化中多谈感情是否合适	蒙小清、石文敏、龙美兰	陆爱珍、叶碑兰、黄强	陈宇峰、莫小群、韦年升、周美玲
4	您认为新生活企业文化中提倡的情感是否能够让客户更满意	蒙小清、陆爱珍、石文敏、叶碑兰、陈宇峰、龙美兰		莫小群、韦年升、周美玲、黄强
5	您是否认为新生活提倡感情交流会让客户更加乐意与其合作	蒙小清、龙美兰、韦年升、周美玲、黄强		陆爱珍、石文敏、叶碑兰、陈宇峰、莫小群

资料来源：笔者自绘。

第七节　新生活公司客户对企业文化
建设和情感要素的理解

　　笔者对新生活公司的 10 名客户进行了访谈，了解了他们对企业文化建设和情感要素的理解，访谈对象包括柳州市中医院的 2 名医生、柳州市柳铁中心医院的 8 名护士长。接受访谈的客户的平均年龄为 39 岁，硕士以上学历 2 名，本科生 5 名，专科生 3 名，男女比例为 2∶8，其中女士均为护士长，男士为医生，男女比例与医院的服务类型和现实情况有关。接受访谈的客户谈话内容并不多，此处只做简单分析。如表 6-2 所示，接受访谈的新生活公司客户中有 8 人认为企业文化中的情感要素能够使员工愿意长期为新生活公司工作，1 人反对，1 人不确定。有 8 人认为情感要素够让员工更加具有工作动力，有 2 人不确定。关于企业文化中是否应该多谈感情，仅有 3 人认为应该多谈，1 人反对，6 人保留意见。关于新生活公司企业文化中提倡的情感要素是否能够让自己满意，客户中有 6 人表示赞同，4 人不确定。情感交流是否能够让他们继续与新生活公司续签合同，7 人表示支持这一观点，1 人反对，另外 2 人不确定。

表6-2　新生活公司客户对企业文化建设和情感要素的理解概况

序号	项目	支持	反对	不确定
1	情感要素能否提高员工忠诚度	梁金桃、覃琼丽、刘德铭、王维珍、覃万年、杨建芬、曾军红、蓝红波	陈春妮	王星珍
2	企业文化中的情感要素是否能够激励员工	梁金桃、覃琼丽、刘德铭、王维珍、王星珍、陈春妮、覃万年、曾军红		杨建芬、蓝红波
3	将情感作为企业文化核心是否合适	刘德铭、王维珍、杨建芬	曾军红	梁金桃、覃琼丽、王星珍、陈春妮、覃万年、蓝红波
4	在接受新生活公司提供的服务时，是否会因为情感要素而提高满意度	梁金桃、覃琼丽、王星珍、覃万年、曾军红、蓝红波		陈春妮、刘德铭、杨建芬、王维珍
5	会不会因为新生活的企业文化和情感要素而继续与新生活续签合同	梁金桃、覃琼丽、刘德铭、王星珍、覃万年、曾军红、蓝红波	王维珍	陈春妮、杨建芬

资料来源：笔者自绘。

第八节　假设检验

以理论模型为指导，笔者对广西新生活后勤服务管理股份有限公司进行了问卷调查和访谈，并到日本对东京迪士尼和 MK 出租车公司进行了实地调研，与日本企业高管进行了面对面的交流沟通，与相关行业的专家进行了交流，进一步验证了情感要素与客户忠诚度、客户满意度、员工忠诚度、员工积极性、企业文化之间的关系。

一、情感要素与员工忠诚度、积极性关系验证

东京迪士尼的企业文化是"能够从心底以他人的喜悦为自己的喜悦"。这种文化的价值核心无疑是东京迪士尼极致服务中蕴含情感要素的最主要体现，使企业员工将企业视为一个大家庭，员工之间的关系和谐，互助友爱。为了持续拥有"提供给客户感动满满的服务"的热情，必须拥有"可以做得更好""不断改善工作方式""一旦开始一项工作就要做到最后""团队工作不是一个人的工作，而是大家一起协作完成"的企业精神。东京迪士尼对于人才的评估制度也是基于企业员工是否符合这样的标准而设立的，绝不录用"只说不做"的员工，东京迪士尼在招聘人员时一直强调希望拥有"知识、技术、热情、态度和行动力"的优秀人才。东京迪士尼企业文化中最大的特征是鼓励全员行动，一旦决定好的事情，公司的全体成员（从社长到兼职员工）都必须彻底实施，并为之坚持不懈地努力，让所有的员工由衷地感受到并相信这个公司是完全没问题的。东京迪士尼在将企业文化渗透到经营管理的过程中始终坚持设定公平公正的评价标准，并对全体员工明示。在齐藤茂一看来，只有当企业员工都开始了解企业文化，那时候企业文化才能真正形成，并贯穿于企业经营管理的全过程。当

员工的个性与企业文化产生不适应时，东京迪士尼会采取一定的措施协调这种不适应，实际上在对东京迪士尼进行实地调研时，企业高管指出，因为员工加入东京迪士尼时需要经过三个月的试用期，接受如何在公司文化中发展个性的方法指导，所以基本上不会引起太多的不适应。通过加入企业时实施的指导培训，能够将企业理念和文化灌输到员工的灵魂中，除此以外，通过定期（比如半年一次）观察员工的实际行动，并对其进行积极的评价来慢慢让员工融入企业文化中。关于企业文化尤其是企业的情感要素对降低员工的离职率这一问题，齐藤茂一认为，如果一个企业的文化和感情牵绊能够让员工感受到实实在在的信赖感，就会产生羁绊效果，降低员工的离职率。

在了解 MK 出租车公司情感服务的过程中，笔者对 MK 出租车公司企划总务部部长的辻智史进行了访谈，并深入把握了情感要素对服务型企业的作用。辻智史认为，企业文化中情感要素对提高员工忠诚具有重要意义。在整个出租车行业服务普遍低下的大环境中，能够坚持下来的工作人员并不多，是情感要素将企业员工凝聚在一起。企业文化中的情感要素能够激励员工，情感要素对于加强员工的工作动力，提高他们对工作价值度的认可具有很大的作用。如在高层管理者和普通员工一起工作的过程中，企业所有领导和员工通过自身劳动并取得满意成果，共同感受完成项目的喜悦，这种喜悦感就是情感要素作用的体现，能够极大地激励企业员工。辻智史认为，各类人才和全体员工们所提供的情感服务是 MK 出租车公司发展的关键要素，而员工之所以能够提供情感服务是与企业文化分不开的，MK 出租车公司企业文化的核心是倡导员工之间相互友好协作，做事细心周到，培养同情心，尤其是要使员工之间保持友好和谐的关系。对于同事之间的情谊，辻智史强调同事之间的情感非常重要，它能够互相激励、互相帮助，培养同事之间的情谊是服务型企业发展的重要环节。

值得说明的是，关于企业文化中情感要素对提高员工忠诚有何意义，齐藤茂一认为，情感要素对提高员工忠诚发挥了一定的作用，可是依靠情感要素来影响企业员工总的来说还是存在不稳定性，应当将经济要素与情感要素结合使用，如此才能够大幅度地增强企业员工的忠诚度。对于同事之间的情谊，齐藤茂一认为，能够通过正确的方式交流而产生的友情当然是必要的，但是要防止拉帮结派的现象。齐藤茂一在阐述情感要素是否能够激励企业员工时强调，情感有好坏和高低之分，服务型企业在管理中对情感的标准较为模糊，缺少一定的界限和诠释，因而在管理的过程中依靠情感来激励员工会起到一定的效果，但是是否能够大幅度提高员工的积极性仍然有待观察。

将齐藤茂一和辻智史的观点与新生活公司高管、员工、客户和相关行业精英人士访谈结果相结合，可以发现，在 42 个接受访谈的高管和精英人士当中，有 38 人认为情感要素能够在一定程度上提高员工的忠诚度，3 人对情感要素的作用持保留态度，仅有 1 人认为不能。即有超过 90% 的被访谈者认为情感要素在一定程度上有助于提高员工的忠诚度。值得说明的是，在 90% 的被访谈者中并不是全都认为情感要素就一定能够提高员工忠诚度，而是在一定程度上能够发挥作用。

从对企业员工和客户的问卷调查中可以发现，绝大多数的被调查者认为情感要素肯定能够或者在一定程度上提高企业员工的满意度（员工 77.4%，客户 97.33%）。但是企业员工和客户关于情感要素对企业员工忠诚度的作用存在一定的分歧，企业员工认为企业管理比企业文化更能提高员工的忠诚度（企业管理 53.82%，企业文化 35.75%），而 66.96% 的客户则认为企业文化对于提高员工忠诚度最为重要。关于情感要素是否能够使企业员工将企业视为第二个家，仅有 45.56% 的员工和 52.98% 的客户认为情感要素一定能够发挥积极作用，45.44% 的企业员工认为情感要素在其中是否起到作用还说不准，更有 37.8% 的客户认为情感要素不能使企业员工将企业视为第二个家。由于假设一主要是围绕企业员工进行研究，所以在进行判断时主要参考员工的问卷结果。

值得一提的是，对不同性别及年龄段的企业员工进行问卷调查时，不同的群体对情感要素的认识有不同的理解。相比男性，女性被调查者更加认同情感要素的作用，仅有 62.73% 的男性认为情感要素能够提高员工忠诚，而有高达 81.07% 的女性认为情感要素能够提高员工忠诚。不同年龄段的被调查者对情感要素的作用也有不同的理解，在 36~50 岁的被调查者中有 67.81% 的人认为情感要素能够提高员工忠诚，而在 50 岁以上的被调查者中，有高达 89.12% 的人认同这一观点，由此可以看出，年龄越大的人越是认可情感要素的作用。

除了通过问卷调查和采取多样化访谈的形式进行了解外，笔者还对新生活公司 2015~2017 年的离职率进行了统计分析。本书的研究从 2015 年开始着手设计，通过在新生活公司积极实行情感管理，将情感要素融入企业文化建设当中，其效果比较明显，具体数据如表 6-3 所示。从表 6-3 中可以看出，在新生活公司将情感要素作为企业文化建设的重要元素、积极推进企业文化建设后，新生活公司的离职率正逐渐降低，从 2015 年的 33.06% 降低到 2017 年的 28.19%，可以在一定程度上体现出情感要素有助于提高服务型企业员工的忠诚度。

表 6-3　新生活公司 2015~2017 年离职率

年份	员工人数（人）	管理人员人数（人）	员工离职人数（人）	管理人员离职人数（人）	总离职合计（人）	离职率（%）
2015	4226	129	1375	22	1397	33.06
2016	3961	146	1176	27	1203	30.37
2017	4391	162	1211	27	1238	28.19

资料来源：笔者自绘。

结论：通过对企业员工和客户的问卷调查，结合对日本企业、新生活高管、员工、客户及相关行业精英人士的访谈结果，参考新生活公司近三年的离职情况，可以认定情感要素能够在一定程度上提高企业员工的满意度，对假设一可以做出以下结论：情感要素对于提高企业员工的满意度具有重要作用，能够在一定程度上提高企业员工的忠诚度，其中女性对情感要素的认可程度要大于男性，年龄越大的人越是认为情感要素能够提高员工忠诚，但是真正起关键作用的还是经济要素，其次是管理要素，唯有将经济要素、管理要素和情感要素相结合，才能够大幅提高企业员工的忠诚度。

关于情感要素是否能够激励企业员工，将齐藤茂一和辻智史的观点与新生活公司高管和相关行业精英人士访谈结果相结合，可以发现，在 42 个接受访谈的高管和精英人士当中，有 33 人认为情感要素能够在一定程度上激励企业员工，1 人认为情感要素并不能激励员工，有 8 人对情感要素的作用持保留态度，即约 78.57% 的被访谈者认为情感要素在一定程度上能够激励员工。

从对企业员工和客户的问卷调查中可以发现，企业员工与客户对情感要素是否能够激发员工的积极性存在一定的分歧。高达 89.88% 的客户认为"阳光心态"能够激发企业员工的积极性，而只有 42.27% 的企业员工支持这一观点。相反，有 34.26% 的企业员工表示"阳光心态"不能够激发自己的积极性，13.22% 的员工对"阳光心态"的作用"不好说"，二者加起来为 47.48%，将近占到了被调查人数的一半。为此，笔者对部分企业员工进行了访谈，由于服务型企业的工作强度大、时间长、工资相对较低，因此往往难以形成良好的心态，而即使时常保持着"阳光心态"，但是面对服务过程中出现的各类突发状况，企业员工往往会难以适从，如客户刁难等。因此，在企业员工看来，"阳光心态"的作用仍然有限，当然，许多员工本身并没有培养"阳光心态"，无法感受到"阳光心态"的作用也是其中一方面的原因，但是更多的原因是客观问题。从中可以了解到，"阳光心态"对激发企业员工的积极性是具有一定作用的，虽然有 47.48% 的企业员工对"阳光心态"的作用持怀疑和否定的态度，但是通过访谈可以分析出企业员工认为"阳光心态"的作用不大或不起作用，其实质并不是否定"阳光心态"，而是对自身工作中需要面对的客观问题所进行的心理反馈，实际上"阳光心态"还是具有激发员工积极性的作用的，问题在于工作环境、工作压力和收入水平制约了"阳光心态"作用的发挥。

对不同性别及年龄段的企业员工进行问卷调查时，不同的群体对情感要素的认识有不同的理解。相比男性，女性被调查者更加认同情感要素的作用，仅有 43.17% 的男性认为情感要素能够激励员工，而有 54.85% 的女性认为情感要素能够发挥激励作用。在 36~50 岁的被调查者中有 47.74% 的人认为情感要素能够激励员工，而在 50 岁以上的被调查者中，有 58.57% 的人认同这一观点，由此可以看出，年龄越大的人越是认为情感要素能够发挥激励员工的作用。

结论：情感要素对于激发企业员工的工作积极性具有重要作用，其中女性对情感要素的认可程度要大于男性，年龄越大的人越是认为情感要素能够激励员工，但是由于服务型企业的工作性质、工作时间、工作强度、劳动报酬等原因，情感要素对激发企业员工积极性的作用受到一定程度的制约，因此要想真正发挥情感要素激发企业员工的作用，还需要对工作环境、工作强度和劳动报酬等方面进行科学调整，如此才能利用情感要素激发员工的积极性。

二、情感要素与企业文化关系验证

东京迪士尼的企业文化一直处于变化之中，经过了近 30 年的发展，老员工的人数在逐渐增加，在这个过程中，企业员工不知不觉地拥有了自己对企业文化的独特解释，渐渐形成了一套自己和企业融合的独有价值观。如果一味努力追求收益、积极降低成本，结果无疑是同时降低了员工和客户的满意度。因此，东京迪士尼每年的员工研修都会秉承"员工满意—客户满意—企业的收益"的顺序，对员工进行全面的教育培训，这个可以说是服务业的生命之线。东京迪士尼企业文化中始终不曾改变的是"对于梦想的追求和热忱"和"为了实现愿景而时刻提升以备挑战"的创业理念，为了实现这一理念，最重要的就是坚持，而容易放弃、容易浮躁等情绪则都是调节能力和持久力不足的人共有的特征。因此，东京迪士尼永远不会吝惜对人才培养这一部分的投资，尤其是对员工情感培育的投资。东京迪士尼的企业文化在业务方面具有一定的积极作用，能够提高企业员工应对问题发生时的处理方法和改善能力，避免了大错误的发生。但是对服务型企业而言，企业文化的效果并不是立竿见影的，它并不像 IT 行业那样能够迅速看见收益，有的成果甚至要经过数年、数十年才能够得到验证，因此更加需要冷静的判断力和勇气。为了传播企业文化，东京迪士尼设置了专门的宣传部门，在齐藤茂一看来，正确宣传企业文化是一件很有必要的事，如果只是靠口头传播，内容多少还是会有变化的风险，因此必须持续地、正确地向全体员工提供企业文化信息传播。

在辻智史看来，优秀的企业文化是基于情感要素的，尤其是当员工的个性与企业文化产生不适应时，除了耐心地花时间，运用员工能够接受的方法与其进行合理沟通，尽全力想办法让员工理解之外，没有其他捷径，而此时情感要素便发挥了很重要的作用，它能够提高企业文化的亲和力，使企业员工更加愿意接受企业文化。MK 出租车公司在发展的过程中，虽然企业的核心文化没有改变，但是一些细节仍然需要与时俱进，而且由于企业的规模一直在变化，所以要将企业文化完全渗入每个员工灵魂内还需要漫长的时间。MK 出租车公司将"情感服务"作为服务的初心，这是MK 出租车公司企业文化始终没有发生变化的那部分，它们每年都会举办多期研修会，将 MK 的精神文化传递给内部员工和外界。

值得说明的是，齐藤茂一认为，虽然情感要素能够强化企业文化的亲和力，但如果单纯地将情感作为服务型企业文化建设的核心，对于企业长期发展而言并不适合，单纯依靠情感来维系员工之间的关系，当员工犯错时奖惩机制的运用将会受到制约，毕竟如果将企业完全打造成一个家庭，那么管理者可以看成是员工的父母，父母总是无法做到真正地处罚子女，因此不能单纯地将情感要素作为企业文化的核心，必须打造综合型的企业文化。齐藤茂一认为，优秀的企业文化并不一定基于情感要素，只有真正经过了公平公正的业务评价的检测而生、具有正确功能的企业文化才是符合企业需求的文化，这样的企业文化必然能够提高员工的动力。辻智史认为，将情感要素作为服务型企业的核心文化还存在一定的问题，情感要素并不是企业文化唯一的核心，还应该寻找新的企业核心，打造综合型的企业文化。

关于情感要素是否能够成为企业文化建设的核心，将齐藤茂一和辻智史的观点与新生活公司高管、员工、客户和相关行业精英人士访谈结果相结合，可以发现，在 42 个接受访谈的高管和精英人士当中，仅有 8 人认为情感要素能够成为企业文化建设的核心，认为情感要素并不能成为企业文化建设核心的人有 14 人，保留意见的人数为 20 人，即仅仅有 19.04% 的被访谈者认为情感要素能够成为企业文化建设的核心要素。

从企业员工和客户的问卷调查中可以发现，企业员工与客户对情感要素是否能够促进服务型企业文化建设存在一定的分歧。90.77%的客户认为情感要素能够促进企业文化建设，而仅有44.13%的企业员工支持这一观点，有高达41.53%的企业员工认为情感要素对企业文化建设的作用并不明显。结合企业员工与客户对情感要素是否能够成为企业文化建设的核心这一问卷结果来看，只有45.81%的企业员工和65.77%的客户认为将情感要素作为企业文化建设的核心是相当合适的，36.5%的企业员工认为将情感要素作为企业文化建设的核心不合适，26.49%的客户认为将情感要素作为企业文化建设的核心效果难以预料。

结论：情感要素在一定程度上能够促进服务型企业文化建设，但是情感要素不能成为企业文化建设的核心要素，只能成为企业文化建设中的关键要素，与其他各类要素相结合共同构成企业文化，但是情感要素对于服务型企业文化建设的作用是毋庸置疑的，因此有必要将情感要素融入企业文化建设当中。

三、情感要素与客户满意度、忠诚度关系验证

在了解东京迪士尼极致服务中情感要素的过程中，笔者对东京迪士尼的前任高管齐藤茂一进行了访谈，深入把握情感要素对服务型企业的作用。在齐藤茂一看来，东京迪士尼能够取得成功，关键在于最大限度地追求客户满意度，培养出能够实现这一目标的人才，尤其是培养出在工作中始终保持正向精神的人才。东京迪士尼在企业文化建设的过程中立足于"最大限度满足客户需求"的方向，在这上面花费的时间和金钱就不再是成本，而是打造企业品牌价值的投资，这是企业文化建设中最好的效果。东京迪士尼的管理者认为，情感要素与客户满意度具有密切联系，管理者们指出，在企业文化情感要素的引导下，迪士尼的员工们在穿着上更加注重衣服的可爱性与情感性，在日常的服务工作中，时刻把笑容挂在脸上，为客户尽量做力所能及的事情，让客户感觉到迪士尼的员工们是很可爱和很可靠的。在情感要素的熏陶下，迪士尼的员工乐观开朗、落落大方、心

胸宽广，见到客户就会展露发自内心的微笑，以礼貌亲切的语言与客户沟通，建立情感桥梁，使客户享受到情感上的服务，满足心理需求，进而提高客户的满意度。齐藤茂一认为，顾客更加看重企业的服务水平，特别是在服务型企业中实际的服务，也就是说，员工的实际行动代表了文化情感的标识，工作中是否蕴含情感在某种意义上体现了企业员工的服务水平。

辻智史认为，优秀的企业文化应该达到提高公司的品牌力的目的，而通过情感要素可以帮助企业打进高层、富裕层、国家机关或者来自海外的市场。作为经营管理者，他们在不断地向员工阐述企业的文化、价值观以及愿景，在这个过程中，与之志同道合的人必定会渐渐聚集过来，并不断传播企业的文化，当公司绝大多数的人都了解了企业的文化、价值观及愿景时，企业文化才算是真正地形成。

值得注意的是，辻智史认为，因为拥有共同的企业文化，所有企业员工都能自主地将客人的需求放在第一位，因此必然有助于提高企业的业绩。但是也可能会产生一些反面效果，例如，企业员工太过于看重客人的想法，导致员工压力过大。辻智史认为，在企业文化、服务水平和企业品牌三者当中，对于日本人来说最注重的是品牌，服务型企业非常重视回头客的增长和服务水准的提升，对情感要素的了解首先是基于对品牌的认识。

关于情感要素是否能够提高客户满意度，将齐藤茂一和辻智史的观点与新生活公司高管、员工、客户和相关行业精英人士访谈结果相结合，可以发现，在 42 个接受访谈的高管和精英人士当中，有 26 人认为情感要素能够提高客户满意度，仅有 1 人认为情感要素不能提高客户满意度，有 15 人保留意见，即有 61.90% 的被访谈者认为情感要素能够提高客户满意度。

为了验证情感要素对提高企业客户满意度的情况，新生活公司于 2015~2017 年加大了对企业文化的建设和宣传力度，并连续三年对柳州市铁路中心医院和柳州市中医医院进行满意度调查，如图 6-2 所示，新生活公司 2015~2017 年的两个客户满意度均呈上升趋势。

关于情感要素是否能够提高客户忠诚度，将齐藤茂一和辻智史的观点

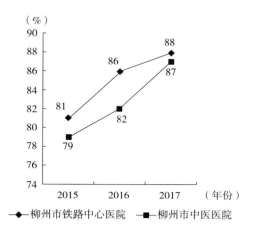

图 6-2 新生活公司 2015～2017 年客户满意度情况

资料来源：笔者自绘。

与新生活公司高管、员工、客户和相关行业精英人士访谈结果相结合，可以发现，在 42 个接受访谈的高管和精英人士当中，有 23 人认为情感要素能够提高客户忠诚度，仅有 2 人认为情感要素不能提高客户忠诚度，有 17 人保留意见，即有约 54.76% 的被访谈者认为情感要素能够提高客户忠诚度。

从对企业员工和客户的问卷调查中可以发现，企业员工和客户的观点较为一致，绝大多数被调查者认为情感要素肯定能够或者在一定程度上能够提高客户的满意度（员工 80.01%，客户 93.35%），并赢得客户的青睐（员工 72.44%，客户 87.2%），进而提高客户忠诚度。

为了验证情感要素对提高服务型企业客户忠诚度的情况，新生活公司于 2015～2017 年加大了对企业文化的建设和宣传力度，将情感要素作为企业文化建设的重要内容，并将其作为宣传企业的重要内容，在与客户进行沟通谈判时强调了公司在企业文化建设中的特色。如图 6-3 显示，新生活公司 2015～2017 年的营业收入呈上升趋势，并且速度在不断加快。

结论：通过分析问卷调查结果，结合对各位高管和精英人士的访谈，参考新生活公司 2015～2017 年的客户满意度以及营业情况，可以认定假设

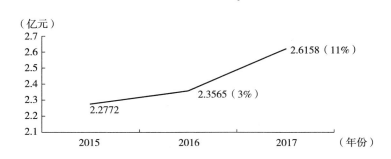

图6-3　新生活公司2015~2017年营业收入情况

资料来源：笔者自绘。

四和假设五是成立的，情感要素能够在一定程度上提高客户的满意度，进而提高行业的客户忠诚度，但是客户满意度与客户忠诚度之间虽然有关联性，但是并非是本质联系，服务型企业还需要通过打造企业品牌来提高客户忠诚度。

第七章

结论与建议

第一节　研究结论

结论1：情感要素能够提高员工忠诚度。情感要素对于提高企业员工的满意度具有重要作用，能够在一定程度上提高企业员工的忠诚度，其中女性对情感要素的认可程度要大于男性，年龄越大的人越是认为情感要素能够提高员工忠诚度，但是真正起关键作用的还是经济要素，其次是管理要素，唯有将经济要素、管理要素和情感要素相结合，才能大幅提高企业员工的忠诚度。

结论2：情感要素能够激发员工积极性。情感要素对于激发企业员工的工作积极性具有重要作用，其中女性对情感要素的认可程度要大于男性，年龄越大的人越是认为情感要素能够激励员工，但是由于服务型企业的工作性质、工作时间、工作强度、劳动报酬等原因，情感要素对激发企业员工积极性的作用受到一定程度的制约，因此要想真正发挥情感要素激发企业员工的作用，还需要对工作环境、工作强度和劳动报酬等方面进行科学调整，如此才能利用情感要素激发员工的积极性。

结论3：情感要素不能成为企业文化建设核心要素，但是可以成为关键要素。情感要素在一定程度上能够促进服务型企业文化建设，但是情感要素不能成为企业文化建设的核心要素，只能成为企业文化建设中的关键要素，与其他各类要素相结合共同构成企业文化，但是情感要素对于服务型企业文化建设的作用是毋庸置疑的，因此有必要将情感要素融入企业文化建设当中。

结论4：情感要素能够提升客户满意度。情感要素肯定或者在一定程度上能够提升客户的满意度，因此需要加强企业员工的情感服务，在员工与客户之间建立情感纽带。

结论5：情感要素能够提高客户忠诚度。情感要素必然能够赢得客户的青睐，进而吸引客户选择企业的服务，进一步提高客户的忠诚度，使企业在竞争中击败其他竞争者。

前文以理论模型为指导，对中国和日本的服务型企业进行了问卷和访谈调查，对理论模型中的十个要素进行了深入分析，进一步验证了情感要素与客户满意度、忠诚度、员工忠诚度和积极性、企业文化之间的关系。基于此，笔者提出要将情感要素作为创新企业文化的关键要素，如培养"爱与成长"的发展观、塑造"阳光心态"的精神观、打造"婉容生活"的人生观、形成"充满关爱"的管理观和倡导"互助互爱"的人际观。

第二节　中国传统仁爱思想中的情感要素

随着中国社会环境的变化，中国服务型企业面临着更多更严峻的挑战，虽然不同的服务型企业在发展过程中注重企业文化建设，企业文化建设的内容虽已有所革新，但是针对性不强，情感要素不够丰富，尤其是企业文化的内容往往较为乏味，影响效果不尽如人意。通过对服务型企业文化的情感要素进行研究分析，应当结合中国传统仁爱思想，建议从发展观、精神观、人生观、管理观和人际观五个方面着手，将情感要素融入企业文化建设当中，从而进一步提高服务型企业的核心竞争力。

服务型企业的管理从某种意义上来说是协调人与人之间关系的管理，尤其是作为低技术、劳动密集型的服务型企业，管理更需要重视启发人的道德自觉，从而达到道德自律，同时将爱融入管理当中。儒家仁爱思想是中国传统文化思想中的主要精华之一，对塑造人、培养人和引导人具有十分重大的意义。儒家仁爱思想始于先秦时期，发展在秦汉时期，定型于宋明时期，它包含了"仁者爱人""忠恕之道""克己复礼""博施济众"等内容，从低到高分为家庭、社会和自然万物三个层次。孔子把仁爱思想看成重要的道德规范，能够以仁爱思想来要求自己的人便是一个仁者和君子，孔子以弘扬仁爱思想为己任，期望把仁爱思想传播到更远的地方，使春秋时期饱受战乱的群众得到心灵上的慰藉。孟子仁爱思想的另一个关键词是"心性"，孟子从心性论的角度阐述了仁爱思想，他认为仁爱思想是与人们的心性联系在一起的，如良心和本性等，其最高层次是道德之心。除了孔子和孟子外，儒家学派的代表还包括荀子、董仲舒、程颢、程颐、朱熹等人，此处不尽详表。儒家思想中的"亲民"就是保持良好的人际关系，"至善"就是做人要尽善尽美。人与人之间相爱是人类长期共同追求的价值目标，在企业管理中，只有以仁爱之心对待别人，企业内部才能够和谐，管理者以仁爱之心去对待自己的下属和工人，同样工人也应该以仁爱之心去对待管理者，那么企业的发展才具有更为强大的驱动力。

从某种意义上看，企业的管理就是协调各类矛盾，最终使人际关系变得更加和谐，并为企业发展共同努力的过程。在这一过程中，如果企业员工都能做到自律，那么他们之间的矛盾就能减少，即使发生了冲突也能将这种冲突局限在一定的范围内，而儒家仁爱思想就是提高企业员工自律性的有效手段。儒家仁爱思想认为人与人之间的相互关系应该是互助互爱的，强调把仁爱之心施之于民众，要使民"富之"，对服务型企业而言就是要使员工的工资得到逐渐增加，使他们不会被工资问题困扰，如此一来公司内部才会稳定，形成共同的向心力，管理的有序化就容易实现。

对服务型企业的管理者而言，儒家仁爱思想是其作为管理者必须具备的素质，如日本非常重视以"仁爱"思想来培养管理者，日本松下电器就把儒家学说作为教育内容的重要组成部分。通过培养管理者的"仁爱"思想，进一步塑造他们的人性，使他们崇尚至善仁德，那么他们在管理的过程中就会关心员工，做事把握分寸，让员工信服领导，有效把员工凝聚起来。

对于企业文化而言，前文通过研究得出结论，情感要素能够成为企业文化建设的关键要素，而儒家仁爱思想正是中国服务型企业利用情感要素推进企业文化建设的法宝。服务型企业的产品就是其提供的服务，必须在服务上下功夫，若是将儒家仁爱思想融入企业文化建设，则会使管理者对员工倾注着爱，员工在提供服务时自然而然地蕴含着爱。

总之，服务型企业如果实现了管理者之间、管理者与员工之间、员工之间，以及企业与客户之间的仁爱关系，这个企业对内就一定有很强的亲和力和凝聚力，对外就一定有很强的竞争力，也必然带来好的经济效益，这是服务型企业可持续发展的根本力量。

第三节　基于中国传统仁爱思想的建议

基于中国传统仁爱思想，建议培养"爱与成长"的发展观，塑造"阳光心态"的精神观，打造"婉容生活"的人生观，形成"充满关爱"的管理观，倡导"互助互爱"的人际观。

一、培养"爱与成长"的发展观

根据对情感要素作用的假设和验证可以发现，情感要素对于提高企业员工的满意度、忠诚度和服务能力具有重要的作用，在借鉴众多专家学者的研究成果之后，本书提出要培养"爱与成长"的发展观作为情感要素融入企业文化的重要方式。"爱与成长"首先要求的是培养"爱"的氛围，员工之间互相关心，管理者尊重企业员工，在"爱"的环境中，管理者关心企业员工的自我发展，为员工提供培训的机会，而员工则常怀感恩和上进的心，积极参加各种培训，不断提高自我能力，实现自我价值。

众所周知，中国目前为了构建和谐社会，实现中华民族的伟大复兴而不断奋斗，服务型企业在其中扮演着重要的角色。服务型企业要以"爱和成长"为指导构建和谐企业，不断推动企业文化创新，打造企业核心竞争力，实现企业的可持续发展。企业员工对管理人员的认可，有赖于作为管理者的影响力及人格魅力，管理者要重视和尊重员工，及时为员工解决工作甚至是生活上的困难，员工的满意度提高了，心态就会发生积极转变，工作起来就会更加尽心尽力，服务质量相应得到提高，客户的满意度自然就提升了。基于此，管理者不仅要懂得安排工作，还要知道从心理的角度去管理、去爱自己的员工。当员工犯错误时，切忌大发雷霆，必须耐心引导，处理问题时应站在员工的角度去思考问题，理解员工，让员工感觉到管理者的爱。管理人员对于员工的正面转变要及时地给予表扬，不断地激励员工，表现出欣赏的态度，在笔者提倡的"爱与成长"发展观看来，好员工是鼓励和培养出来的。

要以"爱与成长"发展观为指导，深入把握企业员工的心理需求。服务型企业的管理者要带好一个团队，先要学会爱自己的团队，让所有的员工都有团队的精神和荣誉感。所以先有优秀的团队，再有优秀的个人，要激发每个员工的集体荣誉感，坚持与团队荣辱与共。基于此，服务型企业需要把握团队中的个别现象，做好每一个人的思想工作，把不良现象消灭在萌芽状态。要深入把握企业员工的心理需求，创造良好的工作氛围，让员工愉快地工作，"幸福不是得到的多，而是计较的少"，管理者与员工之间要相互包容、相互理解，了解、宽容了别人就等于解脱自己。值得注意的是，有的企业员工可能因为个人或其他原因偶尔带着情绪工作，这就会影响其他人的情绪，管理者此时就要深入到企业员工的内心深处，让员工放下心里的重担，做好心与心的交流。

以"爱与成长"的发展观为指导，持续建设学习型企业。中国服务型企业的发展与国家的整体经济环境是分不开的，现阶段中国经济正转变为"L"形，经济发展速度有所放缓，这给服务型企业的发展无疑带来了新的变化和挑战。为了应对新的发展环境，需要以"爱与成长"的发展观为指导，不断学习、不断修正、不怕吃苦、不怕委屈、不怕挑战，持续建设学习型企业，营造热爱学习、不断成长的文化氛围。中国服务型企业的员工社会地位普遍不高，对于多数员工而言，他们就像浮萍，没有花香、没有树高，起点低，因此服务型企业应当在"爱与成长"发展观的指导下，激发员工热爱生活、追求梦想的激情和执着，常怀一颗感恩上进的心，带着持续学习的心态在各自的工作岗位上奋斗，使坚持学习的理念成为企业员工成长的希望和动力。例如，通过展开竞技比赛营造"爱与成长"的氛围，实现建设学习型企业的目标，让员工在工作岗位中学习专业知识和严谨的操作规范，寻找客户的需求点，考查各部门及员工间的组织协调能力，检验企业对员工的培训效果和管理效果，在比赛中展示各部门和员工们的精神面貌，提升员工敬业爱岗的服务精神。

二、塑造"阳光心态"的精神观

通过塑造"阳光心态"的精神观，进一步将情感要素作为创新企业文化的关键要素是有一定依据的。通过学习清华大学经济管理学院领导力与组织管理系教授吴维库对企业文化中的情感要素的研究成果，在对情感要素与客户满意度、客户忠诚度、员工忠诚度、员工积极性、企业文化之间的关系进行了验证后，笔者认为"阳光心态"有助于提高员工的工作热情，满足客户的情感需要。

塑造"阳光心态"的精神观要强化企业员工的主人翁心态。服务型企业应强化企业员工的主人翁心态：一方面要倡导员工积极维护企业形象，维护企业利益，遵守企业制度，领会企业理念，把握情感要素在企业文化中的作用，获得自我价值观和企业价值观的最大平衡；另一方面要倡导员工保质、保量、保期地完成岗位任务，必须主动工作，不能被动等待，必须承担责任，不能逃避推脱，必须追求卓越，不能敷衍了事。

塑造"阳光心态"的精神观需要学会换位思考，以博大的胸怀化解矛盾。心态是一个人精神状态及心理状态的体现，心态又分积极心态和消极心态。对服务型企业而言，心态是一个相当重要的因素，只有拥有良好的心态，企业员工才能保持美好的心情，则工作起来事半功倍，能够迎难而上，再大的压力也能承担。服务型企业需要引导企业员工学会活得快乐，应该有积极的心态，有好的心情，有宽大的胸怀。无论遇到什么矛盾，企业员工都应该学会换位思考，应该从别人的角度去思考问题，设身处地地为他人着想，只有这样，企业员工才不会有过于沉重的心理负担，逐渐培养起正向心情，就会快乐。

塑造"阳光心态"的精神观要加强对企业员工的心态和精神引导，让他们拥有理解心态、勇气心态、宽容心态、尊重心态和自信心态。一是理解心态。应培养企业员工在工作不顺心或犯错时学会自我理解的心态，在很多情况下，企业员工不愿意承认自己的过失、错误、缺点，不承认自己干得不对，从心理学角度看，这是一种自我保护行为，因此有必要以对自我的理解和诚实为基础加强对企业员工自我理解心态的培育。二是勇气心态。在理解心态的基础上，需要进一步培育企业员工的勇气心态，只有通过行动才能把目标和希望转化为现实。一个成功者和失败者的区别，往往不在于能力大小和想法的好坏，而在于勇气和信赖自己的想法，敢于冒险和行动。要让企业员工明白要有勇气承担错误和失败，走错一步会比原地不动获得更大的收获。三是宽容心态。宽容心态是指引导企业员工学会宽容他人和宽容自己，学会正确看待他人的行为。四是尊重心态。服务型企业很关键的一个心态便是尊重心态，由于服务型企业员工从事服务工作，因此往往会受到客户的刁难和歧视，面对这一现况必须要让企业员工学会尊重自己。五是自信心态。自信建立在自我尊重的心态之上，在培养企业员工的尊重心态后，应引导员工学会自信，从成功的工作经验中吸取经验，不要为一两次的失败而沮丧，只有自信心态，企业员工才能提供优质的服务。

三、打造"婉容生活"的人生观

"有深爱必生和气，有和气必生悦色，有悦色必生婉容。"这便是"婉容生活"人生观的文化根源，是中华传统文化与现代服务型企业文化管理的一种结合，只有心中有爱、有深爱、有大爱，服务型企业的员工才能够实现婉容人生。

服务型企业文化建设中打造"婉容生活"的人生观应该要了解怎样使员工活得明白，活得快乐，而且让更多的员工活得明白，活得快乐，这是服务型企业在打造"婉容生活"人生观时需要实现的目标，而推动实现这一目标的因素就是情感要素——"爱"。服务型企业在打造"婉容生活"人生观的过程中需要培养企业员工学会如何去爱人，人的感情分为三个阶段：小感情、大感情和高感情，小感情仅限于五伦之内和与个人利益、血脉相关的人；大感情是指爱大众，爱五伦之外的人；高感情是爱国家、爱自然。企业员工中的大多数人仅仅满足于在小爱中成长，只关心自己的小家，追求个人的利益，每一次付出都会想到能否获得回报，究其根源在于他们没有想到将爱扩散。因此，在学习和成长的过程中，服务型企业需要引导员工以"婉容生活"为指引，以善良、坚强、上进、热爱生活为精神动力，勇于挑战困难，坚信有微笑就有价值，有爱就有"婉容人生"。

服务型企业要将情感要素作为创新企业文化的关键要素，要打造"婉容生活"的人生观，应当首先学习日本的一些服务和生活理念，如前文所提到的"Omotenashi"（想为客户提供服务和照顾的好心情）。但究竟什么是"Omotenashi"，为什么日本服务型企业把"Omotenashi"置于重要地位，能够一以贯之？一是与文化传承有关，日本的服务型企业很好地继承了情感、人际关系、信任感、亲密性等情感要素，并将其转化成生产力，日本服务型企业在文化传承的过程中希望向世界传递出一种新的信息，即日本的服务是极致的服务、是情感的服务，与人类情感要素相关的种种元素开始走进日本服务型企业的每一个办公室，体现在每一个员工和他们的服务上。二是受到茶道文化的影响，茶道文化也是禅学文化，日本服务型企业把茶道理解为"一期一会"，将员工的精神凝聚起来，向员工传递正能量，塑造员工的好心情。在笔者看来，日本人的服务精神是"Omotenashi"，"Omotenashi"则是"一期一会"的好心情，"一期一会"的好心情源于"茶道+禅学"，茶道讲究的是"礼+仪式"，仪式讲究的是"流程+标准"；禅学讲究的是缘分和珍惜，因此茶禅文化就形成了日本的服务文化。

"有爱心必有和气，有和气必有愉色，有愉色必有婉容。"结合服务型企业文化建设，这句话可以这样理解：服务型企业的员工内心要充满爱，如此在接人待物时能够保持和气，进而与大家、与客户和谐融洽相处，所以每天都会感觉到很开心、很愉快，因为每天都过得开心愉快，所以就会有美丽的容颜。其中指出的内心充满爱和保持和气与日本企业文化中提倡要抱有珍惜的心态，要珍惜眼前人和事的精神具有相似之处。

中国服务型企业要打造"婉容生活"的人生观，要学习日本服务型企业所提倡的"Omotenashi"，学习"一期一会"。要将这样一种理念灌输到企业员工的脑海中，即每一次相见，无论是初见还是再见，都要以"一期一会"的好心情来对待他人，人的每一次相遇都是一种缘分，无论是员工之间、员工与管理者之间、员工与客户之间，都要抱有珍惜的心态，要珍惜眼前。在这种人生观的引导下，企业员工在提供服务时必然会想方设法提供美好的服务，照顾好对方的心情。

服务型企业要打造"婉容生活"的人生观，需要重视引导企业员工学会接受现实，避免抱怨。"抱怨"是服务型企业中出现频率较高的一个词，许多企业员工抱怨客户、抱怨管理者、抱怨同事、抱怨家庭，这与"婉容生活"的人生观所追求的南辕北辙，为了使企业员工学会接受现实，避免抱怨，在发展中转变心态，应当把阳光人生、微笑人生、快乐人生作为企业员工在培育"婉容生活"人生观的三个重要元素。抱怨是最消耗自身和团队能量的无益举动，不抱怨是个人内心全然净化的表现，不抱怨的人是最快乐的人，没有抱怨的企业是和谐的企业。因此，要让企业员工在面对一切不顺利、不愉快、不成功时学会改变自己的言语和思维，停止抱怨，心怀感激，如此才能改变自己的人生，打造"婉容生活"的人生观。

服务型企业要打造"婉容生活"的人生观，需要倡导企业员工学会常怀感恩的心。对于服务型企业的员工而言，打造"婉容生活"的人生观需要始终心怀感恩，不断倡导和学习感恩。虽然许多服务型企业的员工时常会饱受委屈，工作艰辛，但只要心怀感恩的心，成功打造"婉容生活"的人生观，那么员工便能够保持阳光心态，因为员工懂得感恩，感谢现在所拥有的一切，感谢家人的相伴和理解，感谢客户的支持和鼓励，感谢公司的信任和培养。企业员工常怀感恩的心，便能够缓解抱怨的情绪，学会自我反省。时刻用感恩的心态来看待他人的行为，在面对挑战、困难和失败时，企业员工也能够"婉容"以对。

四、形成"充满关爱"的管理观

"充满关爱"的管理观需要管理者学会欣赏企业员工。在许多的管理者眼中，欣赏只是一种自然的情感活动，实际上欣赏也是一种管理。大多数中国的服务型企业在日常的管理中经常强调的是制度、奖惩措施等，这固然是重要的，因为没有规矩不成方圆。但是硬性的管理经常得到如下管理效果：员工不服从自己的上级，员工对处罚漠然处之，员工没有工作的动力，团队内部不和谐、凝聚力不强等。为什么会有这样的情况呢？原因当然有很多，但有一个重要的原因，是企业文化中缺乏情感要素，没有形成"充满关爱"的管理观，过多强调硬性管理而软性管理有所欠缺，一些管理者不懂得欣赏自己的下属，不知道欣赏员工其实也是一种管理。欣赏可以产生无穷的动力，心理学认为人的内心中最本质的要求是被看重、被承认、被认可，人们希望自己重要，有自己的价值体现。结合心理学的研究发现，欣赏可以使员工发挥出最大的潜力，工作中管理者用欣赏代替批评和指责会在一定程度上有助于提高管理的实效性，因为欣赏管理能够激发员工的自信心，拉近管理者和员工之间的距离。具体而言，服务型企业的管理者一是要学会多赞美企业员工。管理者要以"充满关爱"的管理观作为管理原则，在管理中蕴含情感要素，发自内心地对员工表示赞扬，而不虚情假意。管理者要学会感恩企业员工，感谢每个为企业付出的人，并且要不断提高自己的心理敏感度，不要轻易忘记企业员工的贡献，要懂得报答企业员工。管理者要善于倾听企业员工的心声，给予企业员工高度的关注，深入到企业员工的内心深处。

"充满关爱"的管理观需要管理者学会做到了解、理解和沟通。一是了解。管理者在了解企业规章制度的同时，更应了解员工的性格、心态以及喜怒哀乐，了解各部门的状态，了解各部门员工是否按照程序和规章规则去做，这样管理者才能进行有效管理。二是理解。作为一个管理者，在遇到员工有问题或犯错误时应给予员工更多的关怀，以换位思考的方式去理解员工、处理问题。理解更大的特点是接受，要让管理者树立这样一种观念，即接受员工、尊重员工也是尊重自己。三是沟通。在服务型企业中沟通尤其重要，甚至可以说不具备沟通能力就无法开展工作。服务型企业要想进一步贯彻"充满关爱"的管理观，构建一个和谐的充满情感要素的企业文化，首先要从每个员工的沟通工作做起。员工感觉管理者关心自己、认可自己，员工才会真正认可管理者，也才会用心把各项工作做好。

"充满关爱"的管理观需要管理者学会做到批评有"道"。服务型企业管理工作的重点之一是沟通和培训，对企业员工的管理最重要的工作是思想的疏导，而沟通是手段和方式。在日常管理工作中批评是必不可少的，但是在"充满关爱"的管理观的指引下管理者能够将批评变为一种艺术。批评与表扬异曲同工，虽然手段不同，但目的却是一个，都是鞭策和激励企业员工更好地完成工作，达成团队共同的目标。但是，批评不同于表扬，表扬是正向激励，而批评则是反向激励，如果运用不好，很容易刺激到企业员工，特别是下属的自尊心和荣誉感，得不到激励的效果，还会致使受批评者情绪消极，表现被动，甚至做出偏激和抵抗的反应。因此，服务型企业的管理者要学会将"充满关爱"的管理观作为有力武器，在运用批评手段时做到几个方面：一是戒无凭无据，捕风捉影，批评的前提是事实清楚，责任分明，有理有据。二是戒大发雷霆，恶语伤人，企业员工都有自尊心，即使犯了错误的也是如此，批评时要顾及员工的自尊心，切不可随便加以伤害。三是戒吹毛求疵，过于挑剔，批评手段是必要的，但并不是事事都要批评，对于一些重要性较低的问题应当采取宽容的态度。四是戒不分场合，随处发威，批评员工必须研究场合和范围，有的批评可在大会上进行，而有的只能进行个别批评。

五、倡导"互助互爱"的人际观

在服务型企业中倡导"互助互爱"的人际观应当营造"家"的氛围，使每一个企业员工之间的关系形同兄弟姐妹。在从事较为底层工作的服务型企业中，企业员工的文化程度普遍较低，缺少丰富的人生阅历，但是值得提出的是，从事底层工作的服务人员大多拥有勤劳、朴实与负责的特性，他们怀着较高的热情。为了使企业员工在工作中能够树立主人翁意识，不妄自菲薄，应当在企业内部营造"家"的氛围，使企业员工团结互助，不仅在工作上互相支持，在生活中也相互关照，情同家人一般。这种温馨的企业环境有助于提高企业员工适应工作环境和工作要求的速度。在工作当中，企业员工将不仅提高自身的综合能力，更让他们收获亲人般的友谊，这种"家"文化会使企业员工感受到信任与支持，促使企业员工树立信心，大幅度提高企业员工工作的效率。

在服务型企业中倡导"互助互爱"的人际观应当倡导企业员工树立感恩之心。感恩是中华民族的传统美德，当企业的所有员工都有一颗感恩的心，那么服务型企业中"互助互爱"的人际观便能够真正发挥作用。感恩是每个有良知的人应有的思维理念，感恩是每个企业员工提升自我素养的一种方式，它可以让员工更加充实，学会尊重自己和尊重他人，懂得包容，明白如何处理同事之间的关系，使企业员工在工作中与同事结下友谊，在前进的道路互相扶持、相互关怀、共同发展。企业员工要学会感恩客户，感恩客户的支持与宽容；要学会感恩一起共事的伙伴，即使在发生矛盾时出现争吵现象，但是过后仍然能够相互理解，相互鼓励扶持。

"互助互爱"的人际观不仅需要倡导，更应当践行。对于服务型企业而言，倡导"互助互爱"的人际观有助于和谐企业员工之间的关系，但是这种充满爱的人际观不仅需要倡导和宣扬，更需要进一步将之践行，应体现在企业员工的工作和生活当中。应该引导企业员工在日常工作中用爱心去做每一件小事，帮助身边的同事，例如，看到同事需要帮忙时能够主动伸出援助之手，在某些企业员工家庭中发生意外需要经济援助时，能够主动为其捐款，帮助他们渡过难关，特别是当受到同事的误解时能抱着宽容理解的心态去面对，这些微小的事情都能够体现出"互助互爱"的情感和精神。

综上所述，在调查研究的过程中笔者发现，服务型企业在对客户的事情全力以赴，不断整改，但客户的满意度提高得并不明显，究其原因在于企业提供的服务需要深入客户的生活，要进一步结合用户的利益和生活目标，从而承载着积极的生活态度、让客户轻松愉快。服务型企业应在企业文化的建构中融入情感要素，在反复、系统的实践中孕育情感思想，形成系统的理念和价值观，形成企业员工都认同的、符合企业和团队成长需要的企业文化，形成一套具有本公司特色的企业文化，作为企业发展的思想指导和精神取向，同时这也是对企业员工开展文化培训的蓝本、是服务型企业打造品牌价值的核心、是企业的核心竞争力。笔者认为，在尝试将情感要素融入企业文化建设的过程中需要始终把客户和员工摆在首要位置，营造家庭般亲密、友善、和谐的氛围，组织员工为客户提供真诚的服务。在将情感要素融入企业文化时强调客户是企业的朋友，整个企业是一个互助互爱的大家庭，企业中的员工是平等的，大家是兄弟姐妹关系。以此为出发点，管理理念的定位是以人为本、规范管理、专业服务、创新发展，秉承"怀大爱心，做小事情"的精神，确立想客户之所想、急客户之所急的服务宗旨，企业员工始终本着感恩的心，报以坦诚的微笑，尊重每个客户，理解客户的每一个要求。人们对下级时，倡导管理者以博大胸襟，一视同仁，抛弃任何偏见与傲慢，充分尊重企业员工的独立人格，关注企业员工的成长与表现，关心他们遇到的问题和苦恼，及时肯定员工的每一点成绩和进步，以宽容和微笑面对员工的过失与不成熟，殷殷指导、耐心培训，像忠厚的兄长，引导企业员工健康成长、实现价值。对上级，企业员工要心怀感恩之心，对管理者坦诚相待，信任上级的能力，理解上级承担的压力和难处，尊重上级的决定，服从上级的指令，执行上级的安排，虚心接受上级的教导，团结在上级身边，朝着团队目标共同努力。同事相互之间要紧密合作，互敬互爱，打造融洽、平等和高度信任的工作氛围，摒弃个人主义，发挥团队战斗力。

第四节　研究展望

在研究服务型企业文化以及情感要素的过程中，笔者对丹尼森、霍夫斯泰德、莱恩、蒂斯特芬诺、陈春花等专家学者的理论模型进行研究后，提出了自己的研究模型，理论模型分为三个层级、十个元素，第一个层级是企业文化中的情感要素，第二个层级是领导心理、员工心理、客户心理、制度情感，第三个层级包含十个元素，领导管理、领导情感、员工满意、员工素质、员工情感、顾客需求、顾客情感、顾客忠诚、企业文化、服务能力。围绕十个元素，笔者提出了五个假设并进行了验证。研究指出，情感要素能够提高员工忠诚度，激发员工积极性，提升客户满意度，提高客户忠诚度，但是情感要素不能够成为企业文化建设的核心要素，只能成为企业文化建设的关键要素。因此，笔者建议培养"爱与成长"的发展观、塑造"阳光心态"的精神观、打造"婉容生活"的人生观、形成"充满关爱"的管理观和倡导"互助互爱"的人际观。

从整体上看，本书的研究还具有局限性。限于个人的研究知识背景、能力和经验，研究手段和方法比较简单，获取数据的充足性不够，对数据进行分析的方法和模型还有许多需要提高的地方，因此只能对中国服务型企业中的低层次、低技术、密集型的服务型企业进行研究，研究成果只能对一定范围内的服务型企业带来相应作用，对于其他行业的服务型企业，如智力化、资本化、专业化、效率化的服务业是否会具有作用仍然无法下定论，而且由于研究实证只有 2015~2017 年三年的周期，由于研究周期的局限，有可能忽略很多其他的问题，而对问题进行化简，这使本书的研究简单化，可能忽视了重要的信息。本书结论甚至有可能对高端服务型企业无法带来有效作用。因此，该研究不能覆盖中国服务业，更不能应用于国外服务型企业，只能作为中国服务业其中一个行业的研究课题。除此以外，任何研究都是研究人员对事物的认识，是存在主观性的，因此在研究过程中会体现笔者的个人情感和认识，没有能够完全做到客观性，尤其是在尝试将情感要素融入企业文化建设时，整个执行过程存在着不同的阻碍，例如，在将情感要素融入企业文化建设时，过多地将主观情感融入研究当中。

下一步笔者将对如何将情感要素融入企业文化建设进行深入研究，将理论研究落实到服务型企业文化建设当中，在员工中真正地贯彻执行相关制度条例，形成一套行之有效的操作模式，并将之上升为低层次、低技术、密集型的服务型企业的行业标准，为企业、行业、中国服务业的发展提供一定的借鉴。

附录一 调查问卷与访谈资料

一、企业员工问卷调查

您好！由于业务的拓展，广西新生活后勤服务管理有限公司需要为企业打造文化品牌进行调研活动，感谢您能够参与我们的问卷调查。问卷中调查问题如无特殊说明均为单项选择，我们承诺尊重您的隐私权，妥善保管您的资料，感谢您的参与！

（一）您的基本状况：

性　　别：A. 男　B. 女

文化水平：A. 研究生　B. 本科　C. 专科　D. 高中或以下

您　来　自：A. 城市　B. 农村

年　龄　段：A. 20~35 岁　B. 36~50 岁　C. 50 岁以上

（二）基本调查：

1. 您对新生活公司的整体印象如何？

A. 相当好　B. 一般　C. 不好　D. 不好说

2. 新生活公司的哪个方面最值得称赞？

A. 管理　B. 文化　C. 培训　D. 其他

3. 您对新生活公司的管理如何评价？

A. 相当好　B. 一般　C. 不好　D. 不好说

4. 目前本公司最大的优势是什么？

A. 领导远见卓识、决策能力强

B. 拥有优秀的人才

C. 拥有独特的企业文化

D. 员工士气高、向心力强

5. 企业领导层在讲话中是否提及有关企业文化建设工作方面的情况？

A. 经常提及　　B. 偶尔提及　　C. 很少提及　　D. 没有提及

6. 您是否认为新生活公司的领导层关心员工？

A. 关心　　B. 一般　　C. 不关心　　D. 不好说

7. 如果其他企业为您提供相同的岗位，但是报酬更高，您会选择哪个？

A. 跳槽

B. 与新生活公司协商提高待遇，然后留下

C. 不跳槽，也不和新生活公司谈

D. 不好说

8. 新生活公司对您自身的提高是否有帮助？

A. 帮助巨大　　B. 一般　　C. 没有帮助　　D. 不好说

9. 除了工资收益，哪个方面最能使您选择在新生活公司工作？

A. 企业文化　　B. 企业管理　　C. 企业培训　　D. 其他

10. 目前在工作中吸引您的有哪个方面？

A. 学习新知识、新技术，实现自我价值

B. 工作环境良好、工作轻松

C. 薪酬高、待遇好

D. 与同事相处融洽，公司注重员工关怀

11. 您对于新生活公司文化的发展提过合理化建议吗？

A. 经常提，公司很重视

B. 没有，因为不关心

C. 不愿提，好的建议常常不被当回事

D. 提过，但被采纳的很少

12. 您是否将新生活公司视为第二个家？

A. 是　　B. 还在考虑　　C. 不是

13. 当知道您身边的同事需要帮助时，您会主动伸出援助之手吗？

A. 会，乐善好施，能帮的就帮

B. 看情况，不做第一人

C. 不会，事不关己

14. 您是否认为只有自己努力工作新生活公司才能获得收益？

A. 是　B. 不认为　　C. 不清楚

15. 您认为企业文化中的情感要素对于提高您的满意度有何作用？

A. 能够大幅提高企业员工满意度

B. 在一定程度上能够提高员工满意度

C. 对提高员工满意度没有影响

D. 不好说

16. 您认为企业文化对新生活公司的影响是什么？

A. 对企业发展有促进作用

B. 只对大型企业有影响，对新生活公司影响不大

C. 完全没有影响

D. 不清楚

17. 企业文化的重要性在公司里是否得到大多数人的认可？

A. 完全认可　　B. 基本认可　　C. 不认可　　D. 不清楚

18. 您认为您的工作是否受人尊敬？

A. 受尊重　　B. 一般　　C. 不受尊重　　D. 不知道

19. 在平时的工作中，"阳光心态"是否能够激发您的积极性？

A. 能　　B. 一般　　C. 不能　　D. 不好说

20. 在平时的工作中，微笑服务是否能够得到正面的回应？

A. 能　　B. 一般　　C. 不能　　D. 不好说

21. 怀大爱心做小事情能不能提高自己的服务水平？

A. 能　　B. 不好说　　C. 不能

22. 您认为将情感作为新生活公司的文化核心是否合适？

A. 相当合适　　B. 不好说　　C. 不合适

23. 公司基层文化活动设施配备和利用情况怎样？

A. 设施齐全，利用充分

B. 设施齐全，利用率低

C. 设施不全

D. 不清楚

24. 您认为塑造企业文化是否与您有直接关系？

A. 有　　B. 没有　　C. 不知道　　D. 无所谓

25. 您是否知道新生活公司有专门的企业文化宣传部门？

A. 有　　B. 没有　　C. 听说过但从没看到过

26. 您认为以下哪一项对企业文化最重要？

A. 企业文化的形成

B. 企业文化的发展

C. 企业文化的传播

D. 企业文化的变革

27. 您认为企业文化应该达到的效果是什么？

A. 使企业人心凝聚、目标一致

B. 使员工服从企业的目标和决定，全力效力于企业

C. 使企业更富文化力、人性力

D. 实现企业、员工、社会的共赢

28. 您认为公司企业文化建设工作，要优先从哪方面进行？

A. 概念层面

B. 实物层面（标识等）

C. 宣传工作

D. 员工意识形态、企业价值观

29. 您认为企业文化应该是什么？

A. 主观打造的

B. 客观形成的

C. 企业文化顺应员工，因员工而变化

D. 企业文化顺应企业家、高层管理者

30. 您认为顾客更加看重新生活公司的哪个方面？

A. 服务水平　　B. 文化情感　　C. 品牌效应

31. 您认为优秀的企业文化是基于哪方面？

A. 企业悠久历史的沉淀和凝结

B. 企业家精神、企业创业之道与理念

C. 企业员工的共识、信仰与行为准则

32. 您是否了解新生活公司提倡的"爱与成长"？

A. 相当了解　B. 一般　C. 不了解　D. 不好说

33. 您是否认为情感要素能够为新生活公司赢得顾客的青睐？

A. 能　B. 不好说　C. 不能

34. 您是否了解什么是"婉容"？

A. 相当了解　B. 听说过，但不了解　C. 没听说过

35. 您认为服务型企业文化中的情感要素对于提高客户的满意度有何作用？

A. 能够大幅提高客户满意度

B. 在一定程度上能够提高客户满意度

C. 对提高客户满意度没有影响

D. 不好说

36. 请用一句话形容一下什么是"婉容"。

_____

37. 请简单谈谈新生活公司令您最感动的一件事。

_____

二、企业客户问卷调查

您好！本人系在读博士生，目前正对服务型企业文化建构中情感要素的绩效价值进行研究，需要进行相关调研活动，感谢您能够参与本次的问卷调查。我们承诺尊重您的隐私权，妥善保管您的资料，感谢您的参与！

1. 您认为服务型企业最大的优势是什么？

A. 领导远见卓识、决策能力强

B. 拥有优秀的人才

C. 拥有独特的企业文化

D. 员工士气高、向心力强

2. 您认为服务型企业的哪个方面对提高企业效益最为重要？

A. 管理　　B. 文化　　C. 培训　　D. 其他

3. 您认为服务型企业中管理者对下属进行关心是否重要？

A. 相当重要　　B. 一般重要　　C. 不重要　　D. 不好说

4. 您认为服务型企业中管理者在管理过程中蕴含情感因素是否重要？

A. 相当重要　　B. 一般重要　　C. 不重要　　D. 不好说

5. 您认为服务型企业文化中的情感要素对于提高企业员工的满意度有何作用？

A. 能够大幅提高企业员工满意度

B. 在一定程度上能够提高员工满意度

C. 对提高员工满意度没有影响

D. 不好说

6. 除了工资收益，哪个方面对企业员工的忠诚度影响最大？

A. 企业文化　　B. 企业管理　　C. 企业培训　　D. 其他

7. 企业文化中的情感要素对于提高员工的素质有何影响？

A. 能够大幅提高企业员工的素质

B. 能够在一定程度上提高企业员工的素质

C. 对提高企业员工的素质作用不大

D. 不好说

8. 您认为企业文化中的情感要素是否能让企业员工将企业视为第二个家？

A. 一定会　　B. 可能会　　C. 不会　　D. 不好说

9. 您认为情感要素对服务型企业的文化建设有何影响？

A. 对企业文化建设有促进作用

B. 只对大型企业有影响，对服务型企业影响不大

C. 完全没有影响

D. 不清楚

10. 对于服务型企业而言，"阳光心态"是否能够激发员工的积极性？

A. 能　B. 一般　C. 不能　D. 不好说

11. 您认为将情感要素作为企业文化建设的核心是否合适？

A. 相当合适　B. 不好说　C. 不合适

12. 您认为服务型企业塑造企业文化是否与客户有直接关系？

A. 有　B. 没有　C. 不知道　D. 无所谓

13. 您认为企业文化应该达到的效果是什么？

A. 使企业人心凝聚、目标一致

B. 使员工服从企业的目标和决定，全力效力于企业

C. 使企业更富文化力、人性力

D. 实现企业、员工、社会的共赢

14. 您认为顾客更加看重服务型企业的哪个方面？

A. 服务水平　B. 文化情感　C. 品牌效应　D. 其他

15. 您认为服务型企业文化中的情感要素对于提高客户的满意度有何作用？

A. 能够大幅提高客户满意度

B. 在一定程度上能够提高客户满意度

C. 对提高客户满意度没有影响

D. 不好说

16. 您认为优秀的企业文化是基于哪些方面？

A. 企业悠久历史的沉淀和凝结

B. 企业家精神、企业创业之道与理念

C. 企业员工的共识、信仰与行为准则

D. 其他

17. 您是否认为情感要素能够为服务型企业赢得顾客的青睐？

A. 能　B. 不好说　C. 不能

三、日本精英人士访谈提纲

1. 您认为企业发展的关键是什么？

2. 企业文化的内容有哪些？核心是什么？

3. 企业文化有怎样的特色？竞争优势何在？市场空间在哪里？

4. 企业文化中情感要素对提高员工忠诚度有何意义？

5. 您认为将情感作为公司的文化核心是否合适？

6. 企业文化中的情感要素是否能够激励员工？

7. 如何使企业文化渗透到经营管理的方方面面中去？

8. 您认为顾客更加看重服务水平、文化情感、品牌效应中的哪一项？

9. 当员工的个性与企业文化产生不适应时，如何协调这种不适应？

10. 您认为优秀的企业文化是否基于情感要素？

11. 企业文化尤其是企业的情感要素对提高客户忠诚度有何意义？

12. 您认为企业文化应该达到什么效果？

13. 对于同事之间的情谊有一些怎样的感悟？

14. 企业文化形成的具体时间和方式是什么？

15. 企业现有的经营理念、企业精神、价值观是什么？有哪些能代表公司文化的故事？

16. 企业主要英雄人物有哪些？从他们身上可以反映出什么样的企业精神？

17. 随着企业的发展壮大，企业文化发生了怎样的变化？具体讲，哪些方面出现了变化？哪些方面没有发生变化？发生这些变化的原因是什么？

18. 对公司文化没有发生变化那部分来说，什么原因使它们保持下来？它们是怎样保持下来的？

19. 企业文化发挥了什么作用？哪些有助于企业的经营业绩？哪些不利于企业的经营业绩？其原因是什么？

20. 公司有无内部交流刊物、报纸或者其他媒体？它们如何运作？

四、新生活公司高管及国内相关行业精英人士访谈提纲

1. 您认为企业发展的关键是什么？

2. 企业文化的内容有哪些？核心是什么？

3. 企业文化有怎样的特色？竞争优势何在？市场空间在哪里？

4. 企业文化中情感要素对提高员工忠诚度有何意义？

5. 您认为将情感作为公司的文化核心是否合适？

6. 企业文化中的情感要素是否能够激励员工？

7. 如何使企业文化渗透到经营管理的方方面面中去？

8. 您认为顾客更加看重服务水平、文化情感、品牌效应中的哪一项，情感要素是否能够提高客户的满意度？

9. 当员工的个性与企业文化产生不适应时，如果协调这种不适应？

10. 您认为优秀的企业文化是否基于情感要素？

11. 企业文化尤其是企业的情感要素对提高客户忠诚度有何意义？

12. 您认为"阳光心态"精神观对企业文化建设有何意义？应该如何将"阳光心态"融入企业文化建设？

13. 您认为"爱与成长"发展观对企业文化建设有何意义？应该如何将"爱与成长"融入企业文化建设？

14. 您是否了解"婉容生活"？您认为"婉容生活"人生观对企业文化建设有何意义？应该如何将"婉容生活"融入企业文化建设？

15. 您认为"充满关爱"的管理观对企业文化建设有何意义？应该如何将"充满关爱"的管理观融入企业文化建设？

16. 您认为"互助互爱"的人际观对企业文化建设有何意义？应该如何将"互助互爱"的人际观融入企业文化建设？

17. 您对日本"一期一会"的精神是如何理解的？

18. 您认为日本服务型企业文化、"一期一会"的精神与中国服务型企业文化之间有何区别和联系？

19. 日本哪些方面值得中国学习，尤其是在情感要素方面中国与日本的差别在哪里？

五、新生活公司基层员工访谈提纲

1. 您认为企业发展的关键是什么？

2. 您对新生活的企业文化有哪些了解？

3. 您认为新生活的企业文化是否富含情感？这些情感是否能够让您长期为新生活工作？

4. 您认为公司的文化中多谈感情是否合适？

5. 您认为新生活企业文化中的情感是否能够让您更有工作动力？

6. 您是否在工作中体会到新生活所提倡的感情交流？

7. 您在日常工作中认为顾客更加看重服务水平、文化情感、品牌效应中的哪一项？

8. 您认为新生活企业文化中提倡的情感是否能够让客户更满意？

9. 您认为优秀的企业文化是否基于感情要素？

10. 您是否认为新生活的提倡感情交流会让客户更加乐意与其合作？

六、新生活公司客户访谈提纲

1. 您当初为什么选择新生活为您提供服务？

2. 您对新生活的企业文化有哪些了解？

3. 您认为新生活的企业文化是否富含情感？这些情感对提高员工忠诚度有何意义？

4. 您认为将情感作为新生活的文化核心是否合适？

5. 您认为新生活企业文化中的情感要素是否能够激励员工？

6. 您认为新生活员工在日常工作中是否体现出了新生活的企业文化，尤其是情感元素？

7. 您更加看重新生活公司服务水平、文化情感、品牌效应中的哪一项？

8. 您在接受新生活公司提供的服务时，是否会因为情感要素而提高满意度？

9. 您认为优秀的企业文化是否基于情感要素？

10. 您会不会因为新生活的企业文化和情感要素而继续与新生活续签合同？

七、新生活公司领导层访谈人员简介

序号	姓名	性别	年龄	学历	工作年限	职务
1	鲍丹丹	女	49	本科	28 年	新生活公司副总经理
2	黄水莲	女	44	本科	19 年	新生活公司副总经理
3	欧杰凤	女	44	大专	20 年	新生活公司副总经理
4	彭玉兰	女	48	本科	30 年	新生活公司后勤公司总经理
5	覃英	女	48	大专	31 年	新生活公司餐饮公司总经理
6	欧阳敏儿	女	41	大专	21 年	新生活公司后勤公司护工事业部总监
7	朱荣建	男	37	本科	16 年	重庆新生活后勤服务管理有限公司总经理
8	黄丹丹	女	31	本科	13 年	广西新生活公司品牌文化中心负责人
9	熊静明	男	51	本科	29 年	广西新生活后勤服务管理股份有限公司总经理

八、相关行业专家访谈人员简介

序号	姓名	性别	年龄	学历	工作年限	职务
1	陈九霖	男	57	硕士	35 年	北京约瑟投资有限公司董事长
2	王昆鹏	男	37	硕士	17 年	北京悦聚信息科技有限公司的 CEO
3	谢文博	男	36	硕士	15 年	维度智华管理顾问（北京）有限公司执行董事
4	周翔	男	37	硕士	16 年	青岛德系智能装备股份有限公司董事长
5	王赛	男	34	博士	12 年	科特勒咨询集团（KMG）中国区管理合伙人
6	海军	男	47	博士	25 年	北京海天恒基装饰集团董事长
7	籍东	男	44	硕士	20 年	汉能控股集团副总裁
8	张凌	男	42	硕士	20 年	泰和泰（北京）律师事务所执行合伙人
9	黄文涛	男	38	博士	15 年	北京市东易律师事务所合伙人律师
10	高策理	男	54	博士	31 年	清华大学继续教育学院院长
11	梁鹤年	男	66	博士	45 年	加拿大女王大学城市与区域规划学院院长、教授

九、新生活公司员工访谈人员简介

序号	姓名	性别	年龄	学历	工作年限	职务
1	蒙小清	女	50	小学	5	新生活公司护理员
2	陆爱珍	女	50	高中	6	新生活公司护理员
3	石文敏	女	46	初中	3	新生活公司护理员
4	叶碑兰	女	55	初中	3	新生活公司护理员
5	陈宇峰	男	51	初中	3	新生活公司护理员
6	龙美兰	女	38	初中	5	新生活公司保洁员
7	黄强	男	55	小学	4	新生活公司保洁员
8	莫小群	男	53	初中	3	新生活公司保洁员
9	韦年升	男	45	高中	2	新生活公司保洁员
10	周美玲	女	32	初中	1	新生活公司护理员

十、新生活公司客户访谈人员简介

序号	姓名	性别	年龄	学历	工作年限	职务
1	梁金桃	女	35	大专	13	柳州市柳铁中心医院护士长
2	覃琼丽	女	33	大学	10	柳州市柳铁中心医院护士长
3	刘德铭	男	36	硕士	10	柳州市中医医院医生
4	王维珍	女	39	大专	11	柳州市柳铁中心医院护士长
5	王星珍	女	39	大学	10	柳州市柳铁中心医院护士长
6	陈春妮	女	33	大学	8	柳州市柳铁中心医院护士长
7	覃万年	男	55	博士	30	柳州市中医医院医生
8	杨建芬	女	42	大学	15	柳州市柳铁中心医院护士长
9	曾军红	女	46	大学	12	柳州市柳铁中心医院护士长
10	蓝红波	女	32	大专	6	柳州市柳铁中心医院护士长

十一、新生活公司接受访谈员工基本情况

性别	男性	女性	
人数	322 人	1289 人	
年龄段	35 岁以下	36~50 岁	50 岁以上
人数	98 人	842 人	671 人
学历	高中及以下	专科	本科及以上
人数	1529 人	73 人	9 人

附录二 "婉容新生活"管理心得

坚持商学结合，成就新生活梦

创办新生活，对新生活业务，本人其实也是一无所知的，什么也不会做，那时虽然我们年轻，无知无畏，但我们明白一个道理，只要不怕辛苦，愿意学习，相信是可以把事情做好的。于是在 2002 年 4 月 19 日，开启了我们的新生活事业。

从创业起，我们开始了日复一日的辛苦劳作，满足客户的需求，赚取微薄的收入；同时我们也开始每月坚持读书分享，坚持培训员工认真做事、真诚做人。2004 年，我赚取了创业的第一桶金，当时的收入虽然只有几万元，但我还是选择把这份回报投入到再接受教育中去，毫不犹豫地走进清华大学研修管理学课程，因为那是我少时没有完成的梦想。走进了清华学堂，因为热爱、因为企业成长的需要，我至今仍坚持学习，并不断地参访世界各地和中国成功的企业以及向优秀甚至卓越的同学们交流学习，自身也经常反思和思考。学习不仅是为了创新和改变，更是为了坚守。学习和开阔眼界让我眼中的新生活不仅是一个做保洁、后勤、餐饮、护工和养老业务的公司，更多的是新生活想要成就的梦想——"致力于做城市文明的建设者，提高员工的幸福指数"的使命和"做后勤服务大管家，百姓生活小管家"的愿景。为了履行和实现我们的使命和愿景，我们需要更好地坚持新生活的精神、文化和创新。

穷人的孩子从小坚信"知识改变命运"，创业后，我们仍然相信"学习成就新生活"。6 年前，我随同学参访德国百年家族企业时，再一次坚信了"商学结合"是企业未来发展的方向。在德国，"商学结合"已经成为企业经营的主要模式。虽然有些企业选择"政商结合"，但我们更愿意选择西方模式。"商学结合"更相信幸福，是靠自己奋斗和成长的结果。

"梦想一定要有，万一实现了呢?"因为梦想，仰望星空，不断奔走在求学的路上。2018 年 4 月 22 日，我的博士答辩获得了"最高荣誉"，这对于我来说不仅是实现了一个目标，更重要的是这是在继续教育的路上同新生活事业一起成长、坚持和坚信的结果，这是我的梦想，梦想"学习可以改变命运，更能成就新生活"。我的恩师张世贤教授在答辩前对我说:"今天应该是你在学业上的顶峰了，值得高兴和庆祝，作为你的导师，我很自豪。"听到这句话时，我顿时觉得自己和新生活这 16 年所有的付出和辛苦都是值得的。

通过对新生活案例研究的学习过程，让我收获的不仅是坚信了以"商学结合"模式来创办企业、经营企业的可能性和发展性，更重要的是收获了从诸多学者教授身上学到的严谨、认真、科学的学术态度和精神，同时也教会了我在学术上和经营企业上的求真务实、实事求是、追求科学性和规范性、不做伪证伪命题的真实观，让我从思想上提升认知，在逻辑思维和态度上得到成长。我相信这些都将会影响到对企业未来和团队的正向思维和价值观的形成，对新生活及行业文化进一步研究和理论结合实践的应用会有更加宽泛和长久的意义，相信我们在未来的路上不断求知、不断学习、不断与理论相结合的实践中去发展新生活、成就新生活，做一家有思想、有活力、有文化、能持续发展的新生活事业。

人才，需要学会坚守

对于我们而言，2002 年在无知无畏中走上了创业路，当我们再回首时，居然已经 13 年了。

13 年对一个企业意味着什么? 我们都很珍惜、很感怀，把新生活比喻为我们的母亲，我们在她的怀抱里、在她的鼓励中、在她的引导下，慢慢成长起来了。可以为自己遮风挡雨，更重要的是我们有能力去守护她——我们的家园了，并去帮助我们的兄弟姐妹们。创业初，13 年前的我们不知道什么叫企业文化，也不懂知识管理，但我们知道，我们需要快乐的工作、坚强的意志、温暖的团队、可以分享的平台。

　　当走过这 13 年，每当看到伙伴们、员工们无论在什么困难条件下都能面带阳光快乐的笑容时，当听到温暖的语言时，我们不甚欣慰和感动，更加坚信新生活能持续发展，也许还会长青的理由。因为"创业初期拼老板，发展拼团队，持续拼机制，长青拼文化"。

　　梦想长青的企业，需要更加精准地找到企业的核心文化，正如陈九霖博士在《婉容新生活》序中提到的"有深爱必生和气，有和气必生愉色，有愉色必生婉容"。这虽是《礼记祭义》中讲到孝道的一句话，但借用到对待事业的忠诚和执着上也颇有韵味。他提到："每次见到朱荣芬女士时，我都感受到她的阳光心态和乐观精神，结合品味她文中的细腻与深情我不禁感叹：她的这副'婉容'难道不是她敬业爱业内心的体现吗？这大概就是所谓的相由心生吧！"是啊，"婉容新生活"，这也正是新生活人的写照，我们"怀大爱心，做小事情"，用阳光心态和爱去服务我们的客户，这也是新生活人独有的气质——自信温暖、阳光有力量。因为相貌是能逐步改变的，任何福报都有其必然的成因。真正修行的人特别平易近人，特别亲切，特别温暖，而且还特别天真、纯净，能彻底放下身心世界。若 35 岁后，还有人夸我们漂亮，那我们一定是个福星，是个心地善良的人。

　　因为"婉容"，对新生活，对服务和后勤行业，我们有了明确的使命和理想——让企业长青。我们的理想是：希望能做一家阳光的、能让人成长的企业，让追随、相信新生活的人生活得越来越好，越来越幸福，越来越自信和自豪。在 20 年内，我们的使命是：打造一家规范的、受人尊敬的学习型后勤和生活服务上市企业，做中国后勤服务社会化第一品牌。

　　当然，走向理想的过程，最重要的就是改变自己、提升自己，特别是在一些关键地方能弥补自己的缺陷，让自己进步，让自己能够跟整个组织、外部环境和要求一致起来。"婉容新生活"，就是需要我们每天用阳光心态和"怀大爱心，做小事情"的心态及精神去面对我们身边的万事万物，让自己保持进步、快乐、亲切。我个人对成功与幸福的理解，也就是"婉容新生活"的理解，认为只要每天跟自己的过去比，在成长着，更快乐着，能敢于更真实地面对自己，不浮躁、不攀比、不虚伪，更热爱生活、更有爱、更包容身边的人和事物。

为此，学习成就新生活，让我们坚持"怀大爱心，做小事情"，坚持传承和提升公司的核心文化，相信我们会越来越漂亮、亲切和快乐，会更加自信，成就"婉容新生活"！

因为有爱，感恩有您

新生活集团的下属企业广西新生活后勤服务管理股份有限公司于2016年1月8日在北京敲钟，成功挂牌新三板，成为全国首家后勤服务行业的新三板企业。今天，我们在这里举办庆典，与大家一起，分享我们的喜悦与激情。

13年前，当公司成立的时候，我们都没有想到能够走到这一步，只是埋头苦干。但在我们内心深处一直梦想着能够出现今天这样的画面。今天，我们终于踏上了实现创业梦想的第一步！在新生活公司创业的道路上，有太多太多的人和事情，让我们感动！

感谢政府领导和各级主管部门的领导，为我们创造了一个良好的创业环境。20年前来到柳州时，我就不想再离开这座美丽的小城。柳州深深地吸引着我，让我在这里扎根，在这里学习，在这里成长，在这里创办了新生活公司！

感谢我们尊贵的客户朋友，是你们的信任，和大海一样的包容，给予了新生活公司成长的机会。新生活从零到一、从一到一百，每一步都有你们有力的支持！今天，新生活在成长，而你们有些人已经两鬓斑白、退居二线，有些人还在领导着我们，仍然在不断给予我们扶持和鼓励。你们，是新生活永远的朋友！

感谢新生活所有的朋友们！北京约瑟公司的陈久霖董事长、北京海天环艺装饰有限公司的海军董事长、清华大学继续教育学院……在新生活公司每一次遇到瓶颈的时候，你们为我们传道解惑；在新生活公司需要管理支持的时候，你们无条件奉献出智慧；在新生活进行战略突破的时候，你们跟我们站在了一起！

同时，我更要感谢新生活的数千名伙伴，尤其是今天到场的、相伴了十年以上的伙伴们，和我们始终团结一致的高管团队。我们从无到有、从小到大，共同经历了无数的艰辛与努力，一起品尝了岁月的辛苦和欢欣，携手并肩，情同手足，不离不弃，共同孕育了新生活这支鲜艳的花朵！还要感谢我们最亲的家人们的支持、理解和包容。

13 年来，新生活始终坚持"怀大爱心，做小事情"的精神，用我们的善良，在员工的心中播撒大爱的种子；用千百名员工的善良，去温暖身边的人。我们只是芸芸众生中的一员，然而，因为心中有爱，能够让我们微笑着面对生活，面对这个多变的世界，让一切都变得更加美好！

今天，我们站在二次创业的起点，回首往事，禁不住热泪盈眶；眺望未来，禁不住心潮起伏！新生活将以今天作为一个新的开始，去实现新的目标，实现更高的理想。

为此，让我们做得再好一点，因为有爱，感恩有您，无论过去、现在还是未来，新生活都坚持做一家有高度责任感、有高度担当的企业。为员工负责、为社会负责、为投资人负责，是新生活义不容辞的使命。未来新生活将继续发扬创业精神，完善治理架构，组建业务体系，夯实管理基础，脚踏实地，打造出一家优秀的现代企业，从而迈向更高的平台，成为全国业内的优秀品牌。

坚持大爱，践行善举

——"怀大爱心，做小事情"故事分享会后发言

我们这次的活动，其实是对新生活的企业文化做一个小结和提炼。

我们新生活的精神源泉，是特蕾莎修女的故事，修女曾说："我们当中极少数的人能做伟大的事情，但是每个人都可以用崇高的爱去做平凡的事；我们以为贫穷就是饥饿、衣不遮体和没有房屋，然而最大的贫穷是没有爱，不被需要和不被关心。"我觉得我们新生活这个集体太了不起了，我们的物质没法跟别人比，但是我们非常"富裕"，我们懂得去爱别人，我们是真正"富裕"的人。《圣经》说：关于布施有三——财布施、法布施、无畏布施。说的都是要获得尊重和成就感，就是去帮助别人。捐钱物

是财布施，我们不富裕，我们做得不够，但至少让我们的员工能过上好生活，这是我们最基本的定位。我们的护工在帮助病人的时候，他一定觉得心里是那么快乐、那么富裕。我们给员工送书，就是法布施。法布施是传播正能量，把我们的思想和智慧传播给更多的人，我们能做到。而无畏布施，是让一个人勇敢，有信仰，有梦想，敢挑战，敢突破，这是一个人最高层面的布施。我们面对的各种挑战，其实就是在无畏布施，让我们勇敢坚强，往前冲。

我们不是在做公益事业，但我坚定地认为，新生活是一个半公益事业。虽然我们这个行业不一定是，但是我们公司要努力做到，做到法布施和无畏布施，以后肯定会有更多优秀的专家学者走进新生活，会吸引各种各样的人帮助我们，还可以创造财富。我们有充分的信心，但是需要大家去坚持和坚守。

新生活是一个大熔炉，来到新生活要做好被千锤百炼的准备。没有千锤百炼，就待不下去，没法成长。

同时，新生活也是一个大学堂。我们有很多很好的分享形式，例如，我们的真人图书馆。未来我们要每月进行一次真人图书馆活动，做移动课堂，到不同区域，把知识传播下去，影响更多的人，收集和传播更多感人的故事。

今天有 10 位分享者，我们在他们欢乐的、感动的泪光中度过了一天。我深深地感动，你们比我更感动，我眼里泛泪光，你们很多人泪流满面。你们用担当、坚持原则等，去把大爱践行。后来的分享我也很有体会，雍秋梅、张静的故事给我的感触很深。雍秋梅继续努力就是第二个彭云华，如果你是永远爱护这个家的，谁也挖不走你。

接下来对今天的部分分享者做补充点评。

陆春牡，她说的小女孩和母亲的故事要提炼出来，她充满了感动、心疼、不舍，用免陪护费的行动去体现满满的关爱。小女孩的母亲反过来坚持要给护理费，这也是非常了不起的，对小陆也是一种感动和教育。

护工事业部的两个梁阿姨（梁建花、梁忠兰）也很了不起，要作为榜样树立起来。她们对待病人如亲人，比如说对待病人阿婆，自己准备音乐放给她听，梁阿姨知道音乐对情绪好，真的很有心。如果没有爱能做到吗？还有把阿公擦得干干净净的，一个女护工，把一个男性病人擦得干干净净，而且坚持这么长时间，多了不起，很多人都做不到。

谢凤萍，创业不容易，企业要发展也很不容易，不管是创业还是发展，最终都归功于人。如果企业中没有人肯担当和付出，一切都是空话。扬州在经营一年后亏损很严重，后来公司讨论必须要改变，要选拔出一位有爱心、愿意付出、有责任的人过去。沟通后，谢凤萍愿意担当。她去扬州后经历了很多困难，甚至面临人身安全。我也去了扬州跟她一起面对。谢总看起来是一个很柔弱的人，但内心是一个很坚强的人，这些事情她都挺下来了。后来到了北京做前期建设，她心里也是没谱的。困难一次次地挑战她的胸怀，挑战她的认知。公司需要发展，需要新的认知、新的观念，需要创新，需要教带新人，需要传承，谢总很认真地做了。我认为谢总代表公司的高管、分公司、部门，真正地秉承了"怀大爱心，做小事情"的公司精神。

刘新珍，如果坚持下去也是未来新生活的妈妈代表。新一代妈妈（终身荣誉），只要大家愿意，一定是的。我用这种方式表达我的认可，但需要你的坚守和努力。

郭凤姣，"我在外漂泊11年，终于可以回家了。"这句话说得轻松，但有几个人做得到？我也做不到，所以她很了不起。

赵淑琴，原来是黄副总的手下。黄副总很能干，为新生活带出了很多人才，有担当和坚守。两位"妈妈"也是她培养的，能为公司输送这么多有担当的干部，是很大的成就。爱这个企业，就要为这个企业培养有担当的下属。新生活现在到了第四代，赵淑琴是第三代，她给我最大的感受是特别单纯、可爱，还体现三个字——"爱岗位"。她做餐饮是从零开始的，但是敢挑战，很勇敢。她的分享给我们带来了欢乐的泪水，虽然工作很辛苦，但是很欢乐。

罗秀梅，很忠诚，但是听完她的故事，我很难受。未来的新生活人不要有遗憾。一个人的成长是需要付出的。大付出大成功，小付出小成功，不付出不成功。我们要培养大爱，不仅要爱客户和公司，也要爱家人，不能让孝成为终身的遗憾，孝是不能等的，对孩子的教育也不能等，健康更不能等，希望大家把控好。

侯汉美，自律、坚持。我最看重的两个词是"反省"和"自律"。没有反省就不会进步，自律是一个人最高的品德。她让我们看到我们新生活人有最高尚的人格，她把自律做到了极致。如果没有这两点，一个人的成长空间是会受到很大局限的。

翁妮，坚持原则，原则的背后是责任和执行。如果一个人没有原则，那是不能做事的。翁妮是一个有责任心的人。林肯说过，榜样的力量不是重要的，是唯一的。新生活的文化一路过来都是在立榜样。我们的嘉宾张总、武总、海总就是外面的榜样，他们从基层打拼，最终成就了大事业，得到了尊重。

曾丽华，原来在铁一中每天的外卖营收只有很少的一部分，现在在曾丽华"美丽姐"的带领下，营业额上升了一倍。她在部门主任调动、岗位缺岗的时候，主动说"放心，有我"，她也是有担当的人！

最后我想说的是，我们做的事情很普通，但是很伟大，希望大家坚持下来，继续践行下去。

塑造我们的阳光心态

阳光心态让我们建立积极的价值观，获得健康的人生，释放强劲的影响力！如何塑造阳光心态？是渴望幸福、渴望在事业上有所价值的我们一生不懈的追求，让我们共同来探讨如何拥有阳光的心态，让生命的旅程能更加灿烂的绽放！

因为健康的心态产生健康的语言和行为，心态是人类行为的主宰。一个人的恶劣情绪会破坏健康的身体，一个干部的恶劣情绪会破坏健康的企业，消极情绪会干扰决策、程序、降低工作效率。在一个团队中没有什么比工作不开心、配合不默契、彼此不团结更能影响彼此的身心健康和团队健康的。作为干部，为了自身和企业的健康，我们要时时记住克服消极情绪，塑造阳光心态对我们有多么重要！因此，无论我们遇到何等困难，都须理性地面对并寻找解决办法。因为事情本身并不重要，重要的是我们对事情的看法。任何事情我们只要能积极去看待，相信就会得到乐观的结果；如果经常用积极的心态去看待和解决问题，就会惊奇地发现，慢慢地我们的生活和工作正在变得光明。

幸福的人做得最多的一件事情就是努力消除消极情绪。每个人每天都会遇到许许多多的事情，如何让我们的心态更阳光？除了要用积极心态看待事情外，还有就像亚里士多德说的，"生命的本质在于追求快乐。使生命快乐的途径有两条：发现使你快乐的时光，增加它；发现使你不快乐的时光，减少它"。当我们主动向病友微笑从而让他认可你时；当我们习惯地弯腰捡起地上一个烟头，经过的行人无意中向你投来微笑时；当我们敬业工作收获了满意的团队时；当我们的辛勤工作得到了领导和客户的赞赏时；当我们的姐妹在困难中，我们发自内心去帮助她，让她感受到生命如此可贵时……当这些时候出现，我们感到快乐，那就努力地增加它。当我们由于拖沓、迟到而影响团队或他人时；当我们不能按时完成工作而让上级气愤时；当我们太计较而失去友谊时；当我们因为自私、损坏他人利益而遭到良心的责备时；当干部得不到员工和客户的尊重和认可时……当这些时候出现，我们感到不快乐，那就努力地减少它。

学会感激，因为感激会获得好的心情。怀着爱心吃菜，胜过怀着恨吃肉。学会为小事高兴，会使更加高兴的事情出现。爱人者，人恒爱之；敬人者，人恒敬之。为此，让我们做得再好一点，塑造我们阳光而健康的心态，让我们的人生如向日葵，每天向着阳光的方向，不断地成长。成为了别人信任的对象，别人就会追随我们，认可我们，一切都会随之而来。

让我们做得再好一点
——有爱，就有"婉容人生"

我经常感慨，人的一生说长不长，说短不短，怎样才能有意义地过一生呢？曾经以为拥有阳光心态，塑造礼仪人生是我们的追求，可随着年龄的增长，越来越体会到国学讲师翟鸿森教授常讲的一句话："做人很容易，第一好好活着，第二活明白，然后让更多的人好好活、活明白。"才知道活得明白、活得快乐，而且让更多的人受自己的影响也活得明白，也活得快乐，这才是我们应该追求的更大目标。

我们爱人的境界和能力也是不断成长的，因为人的感情分为三个阶段：小感情、大感情和高感情。小感情仅限于我们五伦之内、与我们利益和血脉相关的人；大感情是指爱大众，爱我们五伦之外的人；高感情是爱国家、爱世界。我们大多数的人一生满足于在小爱中成长，只关心自己的小家和个人的利益，每一次付出都会想到自己的回报和吃不吃亏，因为没有想到爱得更多一些。

当我们不断地学习，不断地接触到更多怀着大感情、高感情的朋友时，心中甚感惭愧，才意识到自己的心胸多么的狭隘，我们人生成长的空间有多么大，同样的人，距离有多么远，每个人活着的价值有多么不一样。也让我真正地体会到人活着，想让自己活得明白，活得有意义的内涵所在。

从小爱笑的我，曾经对微笑的理解是那么的肤浅，以为微笑代表：我坚强、我快乐、我自信、我善良，更重要的是我喜欢你，所以我们新生活一直用微笑来勉励自己，陪伴我们走过每一时刻，无论是在委屈中、困难中、绝望中，还是在喜悦中，我们信仰有微笑就有价值，所以新生活人懂得尊重人和爱微笑，这也成为了我们的符号。在微笑伴我们成长的过程中，我们慢慢地体会到微笑的价值，我们也更加明白相由心生、境由心转，我们慢慢走向了成熟，别人不再仅仅关注我们是否青春漂亮，而是更在意我们的气质和智慧。如果我们长期在小爱中成长，我们的气质就会给人一种狭隘；如果长期摆谱、倚仗权势、不懂得尊重他人，会给人一种生畏生鄙的所谓"官相"；但心中有爱、待人随和、懂尊重自己和众生，就会相生"婉容"。让人看了亲切、感到安全，心生愉悦，我们认为拥有"婉容"的人不仅心态阳光，更重要的是他能像翟老师所讲的那样自己好好活、活明白，也会让更多人好好活、活明白。

每当和朋友谈起"婉容"人生时，都很感动，多么希望自己和更多的人都能去追求"婉容"人生。为什么我们会心怀感动地谈论"婉容"人生呢？因孔子早就告诉我们："有深爱者必有和气，有和气者必有悦色，有愉色者必有婉容。"终于明白，心中有爱、有深爱、有大爱才是我们追求的"婉容"人生，也是让我们活得明白、活得幸福最重要的内涵。

但生命中总会有一些"诸事不顺"的时候，我们开始怀疑还有什么可以支持自己，继续一往无前。台湾女作家吴淡如告诉我们："就算没有天分，只要愿意每天花一点时间，做同样一件事，不知不觉就会走得很远。"为此，让我们做得再好一点，善良、坚强、上进、热爱生活的新生活人，无论我们前面的道路还有多大的困难和挑战，我们在成长的过程中还会遇到多少不顺和委屈，我们只要坚信：有微笑就有价值，有爱就有"婉容"人生。

让我们做得再好一点
——成长，是我们唯一的把握

时间过得真快，当我写这期寄语时，已到了今年的最后一个月。每到这个时候，我们除了比平常更忙碌外，还让我们有了更多的感慨和思考。

新生活一路阳光照耀、风雨无阻地走到今天，每年虽然都要经历许多困难，但我们仍然能面带微笑，始终带着阳光的心态往前走，坚信我们在成长。无论当今社会竞争有多么的残酷和激烈，社会环境有多么的复杂和艰难，但我们也始终相信，成长是我们唯一可以把握的。正如智慧知性女性杨澜说的：

"对于我们来说，什么是一个人的成长？儒家思想要求人成长的轨迹是：修身、齐家、治国、平天下。我们的成长过程实际上就是不断地寻找自己的人生目标。视野不断开阔、知识不断丰富、经验不断积累，从而越来越深刻地认识自己，同时也在认识周围和这个世界。我们的成长就是要不断地突破自己的小环境，而进入一个更广阔世界的过程。"

然而，对于我们新生活来说，成长就是践行学习型组织，通过公司不断地强化学习、创新和自我要求，学会解决工作中的各种矛盾和困难，提升看待问题的境界及自身的人文素质和综合能力，让我们处于一种从容、自信、充满战斗力的状态去面对现实和困难。正如雨果说的："真正活着的人是那些斗争的人，充满决心和毅力的人，向着远大目标而努力向前的人。"我们在成长中懂得，抱怨会使我们丢丑，抱怨会使人对我们疏远，并促使别人如我们所抱怨的那么做。要想赢得别人的帮助，最好的办法就是表扬和接受他人。我们还懂得成熟的魅力，是一种明亮而不刺眼的光辉，一种圆润而不腻耳的音响，一种终于停止向周围诉求的大气，一种不理会哄闹的微笑，一种洗涤了偏激的淡漠，一种无希声张的厚实，一种并不陡峭的高度。

我们都明白在现实的社会里，不安全的因素越来越多，什么都在变，我们在努力想要去守住一些东西，可到头来发现也许那早已不属于自己。但许许多多成功的企业和一些我们熟悉的成功者让我们看到，无论经历过什么，他们始终能优雅、幸福、从容地站在人生的舞台，让我们去相信，人生是美好的。因为他们让我们明白了一个道理，也许这个世界我们什么也把握不了，但成长是我们唯一可以把握的，这是对自己的承诺。我们虽然再努力也成为不了杨澜、刘翔，但我们仍然能享受成长带来的快乐。可能会有人阻碍我们的成功，却没人能阻止我们的成长，这一辈子我们可以不成功，但是不能不成长。为此，让我们做得再好一点，坚持好好学习、天天向上，让我们永远把握住生命中由成长带来的阳光与美好！期待成长的 2011 年！

让我们做得再好一点
——文化传承，是我们的责任

在刚结束的新生活第八届封闭培训中，让我们感受最深的莫过于在一起快乐成长，从养脑、养心和养生三个角度让我们全方位得到了知识和智慧的滋养，也让我们感受到了这次封闭培训的意义，这是公司历年来最为成功的一次。尤其让我们不能忘怀的是来自山西太原中央礼仪核心讲师团的李老师给我们带来的商务礼仪，在这次学习礼仪的过程中，她传播的大爱精神、"婉容"状态、优雅的礼仪内涵时刻深深地感动着我们，让我们在感动中思考，在思考中成长。

新生活走到今天近十年，就像李老师在为我们新生活的寄语中写到的："十年新生活，十年奉献；十年新生活，十年树人。让历史见证广西新生活的累累硕果，让后人铭记新生活人'自强不息，厚德载物'的君子之气！让我们打开新生活新的十年扉页，共同谱写广西新生活公司新的历史篇章！"我们深知这既是一段对我们新生活人走过的历程和状态给予的最高赞扬，也是一种期待，提醒着我们新生活人肩负应有的责任和使命。

李老师还在文章中说到："如果说这个世界上有什么东西是宝贵的、不可以剪切的，那不仅包含着童趣，也一定包含着文化。"让我们明白了是什么塑造了我们独特的气质，也让我们懂得了思考，思考着我们一直在为新生活的成长而做着的高尚而有责任的事，就是新生活文化的传承。什么是我们的文化传承？是一直强调的那些成就我们的固定动作，虽然只有不到10年成长的时间，我们在一起热爱新生活、学习新生活、创造新生活。在这个过程中，我们努力形成了一些我们熟悉的珍贵的固定动作和行为习惯，如我们每年中秋时节的封闭培训；五月的团队户外拓展；《新生活》的发布；员工中秋座谈会；年终团拜年会；员工的生日祝福；学习后的二次分享；与客户的互动和联谊；与干部家属团拜会；员工每月大会；帮扶小组；感恩手语；等等。这些是什么？是我们为了更好地成长和"怀大爱心，做小事情"的公司精神。新生活将近10年来坚持和努力践行的固定动作和行为习惯，就是我们新生活的文化传统。新生活要成长，文化的传承和提升才是我们的根、我们的本。就如一个国家、一个城市，当我们去游览时除了自然风光对我们的吸引外，更吸引我们的是那里的文化。文化是什么？就是一个地方的历史、传统、经典、人文素质和风俗习惯等，渗透在每一个人的精神行为习惯中，是每一个人都敬畏、自愿坚持、努力维护和积极对待的一种责任和使命。

我们虽然白手起家，但不相信救世主，敢于打破旧思想，相信自强不息、厚德载物。为此，让我们做得再好一点，让我们坚持做人做事真善美，坚持传承和提升公司的优秀文化，相信我们每天都会向着新生活，走向新生活！相信新生活永远明媚温暖！相信我们期待的新生活会更健康、更阳光！

参考文献

［1］ Alderfer C. P. An empirical Test of a New Theory of Human Needs ［J］. Organizational Behavior & Human Performance，1969，4（2），142-175.

［2］ Ang S. ，Dyne L. V，Koh C. Personality Correlates of the Four-factor Model of Cultural Intelligence ［J］. Group & Organization Management，2006，31（1）：100-123.

［3］ Benjamin Schneider. Organizational Climate and Culture ［M］. Pfeiffer，2009.

［4］ Berry L. L. Cultivating Service Brand Equity ［J］. Journal of the Academy of Marketing Science，2000，28（1）：128-137.

［5］ Chaudhuri A. ，Holbrook M. B. The Chain of Effects from Brand Trust and Brand Affect to Brand Performance：The Role of Brand Loyalty ［J］. Journal of Marketing，2001，65（2）：81-93.

［6］ Danaher P. J. ，Mattsson J. Customer Satisfaction during the Service Delivery Process ［J］. European Journal of Marketing，1994，28（5）：5-16.

［7］ Daniel R. Denising，Aneil K. Mishra. Toward a Theory of Organizational Culture and Effectiveness ［J］. Organization Science，1995，6（2）：204-223.

［8］ De Ruyter K. ，Wetzels M. ，Lemmink J. ，Mattson J. The Dynamics of the Service Delivery Process：A Value-based Approach ［J］. International Journal of Research in Marketing，1997，14（3）：231-243.

［9］ Edgar H. Schein. Organizational Culture and Leadership ［M］. Jossey-Bass，2010.

［10］ Geert Hofstede. Cultures and Organizations：Software of the Mind

［M］. Profile Business，1994.

［11］Gronroos C. Relationship Approach to Marketing in service Contexts：The Marketing and Organizational Behavior Interface ［J］. Journal of Business Research，1990，20（1）：3-11.

［12］Hartline M. D. ，Maxham J. D. ，Mckee D. O. Corridors of Influence in the Dissemination of Customer-oriented Strategy to Customer Contact Service Employees［J］. Journal of Marketing，2000，64（2）：35-50.

［13］H. C. Triandis. The Self and Social Behavior in Differing Cultural Contexts ［J］. Psychological Review，1989，96（3）：506-520.

［14］Hofstede G. ，Neuijen B. ，Ohayv D. D. ，Senders G. Measuring Organizational Cultures：A Qualitative and Quantitative Study across Twenty Cases ［J］. Adminis-trative Science Quarterly，1990，35（2）：286-316.

［15］Holbrook M. B. The Nature of Customer Value：An Axiology of Service in the Consumption Experience ［M］. Sage Publications，London，1994：21-71.

［16］Hoscliild Arlie Russell. The Managed Heart：Commercialingation of Human Feeling ［M］. Berkeley，CA：University of California Press，1983.

［17］Hutchings K. Cross-cultural Preparation of Australian Expatriates in Organizations in China：The Need for Greater Attention to Training ［J］. Asia Pacific Journal of Management，2003，20（3）：375-396.

［18］K. S. Cameron. Cultural Congruence，Strength，and Type：Relationships to Effectiveness. ASHE 1985 Annual Meeting Paper ［J］. Administrator Attitudes，1985：52.

［19］Leonard-Barton D. Core Capabilities and Core Rigidities：A Paradox in Managing New Product Development ［J］. Strategic Management Journal，1992（13）：111-125.

［20］Marvin Bower. The Will to Manage ［M］. Mcgraw-Hill，1966.

［21］Month-lenvlchlenchal C. ，Bhlbulbhanuwat S. ，Kasemsuk C. ，Speece M. Cultural Awareness，Communication Apprehension，and Communication Compe-tence: A Case Study of Saint John's International School [J]. International Journal of Educational Management, 2002, 16 (6): 288-296.

[22] O'Reilly C. A., Chatman J., Caldwell D. E. People of Organizational Culture: A Profile Comparison Approach to Assessing Person-Organization Fit [J]. Academy of Management Journal, 1991 (34): 487-516.

[23] Rew L., Becker H., Cookston J., Khosropour S., Martinez S., Mesauring Cultural Awareness in Nursing Students [J]. Journal of Nursing Education, 2003, 42 (6): 249-257.

[24] Richard L. Oliver. Whence Consumer Loyalty [J]. Journal of Marketing, 1999, 63 (1): 33-44.

[25] Sanchez J., Callarisa L., Rodriguez R. M., Moliner M. A. Perceived Value of the Purchase of a Tourism Product [J]. Tourism Management, 2006, 27 (3): 94-409.

[26] Schwartz S. H., Melech G., Lehmann A., Burgess S., Harris M., Owens V. Extending the Cross-cultural Validity of the Theory of Basic Human Values with a Different Method of Measurement [J]. Journal of Cross-Cultural Psychology, 2001, 32 (5): 519-542.

[27] Sheth J. N., Newman B. L., Gross B. L. Why We Buy What We Buy: A Theory of Consumption Values [J]. Journal of Business Research, 1991, 22 (2): 159-170.

[28] Sweeney J. C., Soutar G. N. Cousumer Perceived Value: The Development of Multiple Item Scale [J]. Journal of Retailing, 2001, 77 (2), 203-220.

[29] Trompenaars F., Turner C. H. Riding the Waves of Culture: Understanding Cultural Diversity in Business [M]. London, England: Nicholas Brearley, 1997.

[30] Terrence E. Deal, Allan A. Kennedy. Corporate Cultures: The Rites and Rituals of Corporate Life [M]. Basic Books, 2000.

[31] Westbrook R. A. Product/Consumption—Based Affective Responses and Postpurchase Processes [J]. Journal of Marketing Research, 1987, 24

（3）：258-270.

［32］艾亮．企业文化建设研究［D］．天津：天津大学，2012.

［33］陈春花等．企业文化［M］．北京：机械工业出版社，2016.

［34］陈春花，潘海．论我国企业文化发展的现状和对策［J］．广东科技，1999（10）：13-15.

［35］陈春花．企业文化的改造与创新［J］．北京大学学报（哲学社会科学版），1999（3）：51-56.

［36］程聪，谢洪明，杨英楠，曹烈冰，程宣梅．理性还是情感：动态竞争中企业"攻击—回应"竞争行为的身份域效应——基于 AMC 模型的视角［J］．管理世界，2015（8）：132-146+169+188.

［37］陈荣耀．企业核心竞争力的文化诠释［J］．上海师范大学学报（哲学社会科学版），2002（6）：38-43.

［38］陈啸．浅议我国企业情感管理的对策［J］．生产力研究，2010（7）：156-157.

［39］陈翔．当代革命军人核心价值观在部队的传播策略研究［D］．南宁：广西大学，2011.

［40］窦金花．品牌识别中情感价值研究［D］．长沙：湖南大学，2006.

［41］冯伟．体验经济背景下情感营销模式研究［D］．济南：山东大学，2007.

［42］［法］法约尔．工业管理与一般管理［M］．迟力耕等译．北京：机械工业出版社，2013.

［43］［加］梁鹤年．西方文明的文化基因［M］．北京：生活·读书·新知三联书店，2014.

［44］刘靓．企业声誉的构成及其驱动因素测量研究［D］．杭州：浙江大学，2006.

［45］刘敬严．顾客感知价值决定要因与关系质量的影响研究［J］．软科学，2008（5）：18-22.

［46］李士虎．企业家要有阳光心态——专访清华大学经济管理学院

教授吴维库 ［J］. 经济，2012（12）：122-123.

　　［47］葛荣晋. 儒家的性情论与企业的情感管理 ［J］. 理论学刊，2007（2）：30-37+128.

　　［48］郭淑琴. 普通心理学·自考通用 ［M］. 北京：中国科学技术出版社，1999.

　　［49］巩天雷，赵领娣. 基于顾客情感和谐的情感营销驱动模式研究 ［J］. 预测，2007（2）：25-29.

　　［50］管益忻. 以核心能力为主线　打造新型战略管理模式 ［J］. 哈尔滨工业大学学报（社会科学版），2002（1）：3-11.

　　［51］［荷］霍夫斯泰德. 文化之重 ［M］. 许力生译. 上海：上海外语教育出版社，2008.

　　［52］何建华. 服务企业情感管理的人力资源策略研究 ［J］. 生产力研究，2007（12）：127-129.

　　［53］韩小芸，温碧燕，伍小奕. 顾客消费情感对顾客满意感的影响 ［J］. 南开管理评论，2004（4）：39-43.

　　［54］罗友安. SCXC 公司企业文化构建研究 ［D］. 昆明：昆明理工大学，2011.

　　［55］李辉. 服务型企业品牌内化对员工的顾客导向行为影响研究 ［D］. 上海：复旦大学，2011.

　　［56］李思莹. 在华日资企业90后员工情感激励的形成和影响机理研究 ［D］. 广州：广东工业大学，2015.

　　［57］李艳东. 企业文化认同与员工工作绩效的关系研究 ［D］. 东营：中国石油大学（华东），2013.

　　［58］刘光明. 企业文化 ［M］. 北京：经济管理出版社，2002.

　　［59］刘波. 领导者应多些情感魅力 ［N］. 中国人事报，2010-01-25.

　　［60］梁文玲. 感知再续关系价值对服务品牌关系再续意向的影响研究 ［D］. 济南：山东大学，2014.

　　［61］梁漱溟. 中国文化要义 ［M］. 上海：上海人民出版社，2011.

　　［62］龙跃. 情感因素在企业留人的作用研究 ［D］. 北京：首都经济

贸易大学，2014.

［63］毛帅．情感——企业的最终核心竞争力［J］．市场周刊（商务营销），2004（4）：60-62.

［64］莫祖颖．人生路上好心态［EB/OL］．（2011-04-02）.http：//www. 360doc. com/content/11/0402/10/14148_106612913. shtml.

［65］［美］埃德加·沙因．组织文化与领导力［M］．章凯，罗文豪，朱超威等译．北京：中国人民大学出版社，2014.

［66］［美］彼得·德鲁克．巨变时代的管理［M］．朱雁斌译．北京：机械工业出版社，2006.

［67］［美］彼得·德鲁克．管理：任务、责任和实践［M］．刘勃译．北京：华夏出版社，2008.

［68］［美］梅里亚姆—韦伯斯特公司．韦氏大学英语词典［M］．北京：中国大百科全书出版社，2014.

［69］［美］迈克尔·I. 哈里森．组织诊断——方法、模型与过程（第3版）［M］．龙筱红，张小山译．重庆：重庆大学出版社，2007.

［70］［美］帕斯卡尔，阿索斯．日本的管理艺术［M］．张宏译．北京：科学技术文献出版社，1987.

［71］［美］科特，赫斯克特．企业文化与经营业绩［M］．曾中，李晓涛译．北京：华夏出版社，2005.

［72］［美］卡梅隆，奎因．组织文化诊断与变革［M］．谢晓龙译．北京：中国人民大学出版社，2006.

［73］［美］汤姆·彼得斯，罗伯特·沃特曼．追求卓越［M］．胡玮珊译．北京：中信出版社，2012.

［74］［美］特伦斯·迪尔，艾伦·肯尼迪．企业文化：企业生活中的礼仪与仪式［M］．李原，孙健敏译．北京：中国人民大学出版社，2015.

［75］［美］威廉·大内．Z理论［M］．朱雁斌译．北京：机械工业出版社，2013.

［76］靳继超．员工组织社会化、情感承诺与工作绩效关系实证研究［D］．南宁：广西大学，2012.

［77］［日］铃木敏文. 零售哲学系列：便利店创始人自述［M］. 顾晓琳译. 南京：江苏文艺出版社，2015.

［78］［日］稻盛和夫. 京瓷哲学：人生与经营的原点［M］. 周征文译. 上海：东方出版社，2015.

［79］［日］稻盛和夫. 利他的经营哲学［M］. 曹岫云译. 北京：机械工业出版社，2017.

［80］［日］吉田文和. 完全餐饮店［M］. 杨玉辉译. 上海：东方出版社，2011.

［81］［日］本田宗一郎. 梦想力［M］. 崔蒙译. 北京：新星出版社，2015.

［82］［日］山口勉. 服务的细节：大数据时代的社区小店［M］. 尹娜译. 上海：东方出版社，2014.

［83］［日］板仓雄一郎. 创业，生与死：日本 IT 界传奇人物的破产告白［M］. 黄悦生译. 北京：北京联合出版公司，2015.

［84］任继愈. 继承传统文化精华　迎接文化建设新高潮［N］. 中国社会科学院院报，2007-01-09.

［85］束秋丽. 中小企业心理契约与员工忠诚度关系的研究［D］. 青岛：山东理工大学，2011.

［86］苏勇，张挺. 论企业文化在塑造核心竞争力诸因素中的核心地位［J］. 上海管理科学，2004（6）：48-49.

［87］唐骏. 管理也是核心竞争力［J］. 企业改革与管理，2003（10）：30.

［88］温碧燕. 服务性企业员工和顾客公平感与情感关系研究综述［J］. 外国经济与管理，2006（4）：27-33.

［89］王重明，刘杰. 适应市场经济　加快统计方法制度改革［J］. 内蒙古统计，1998（6）：27-28.

［90］王威孚，朱磊. 关于对“文化”定义的综述［J］. 江淮论坛，2006（2）：190-192.

［91］王雪婧. 服务企业一线员工情感劳动的管理［D］. 长春：吉林

大学，2005.

[92] 王艳波，张金梅. 以 ERG 理论为基础的高校辅导员激励机制研究 [J]. 中国集体经济，2011（10）：174-175.

[93] 吴维库，富萍萍，刘军. 文化管理的至高境界——以价值为本的企业管理 [J]. 中外管理导报，2001（3）：28-29.

[94] 吴维库，王华，宋继文，姚笛. 情绪智力培训形式比较研究——理性情绪疗法在中国 MBA 培训中的初次应用 [A]//北京市社会心理学会 2007 年学术年会论文摘要集 [C]. 北京市社会心理学会，2007.

[95] 吴维库，刘军，黄前进. 下属情商作为调节变量的中国企业高层魅力型领导行为研究 [J]. 系统工程理论与实践，2008（7）：68-77.

[96] 吴维库，姚迪. 服务型领导与员工满意度的关系研究 [J]. 管理学报，2009（3）：338-341.

[97] 吴湛东. 中天集团的企业文化建设研究 [D]. 兰州：兰州理工大学，2013.

[98] 夏征农，陈至立. 辞海 [M]. 上海：上海辞书出版社，2010.

[99] 辛科，邢宝君. 企业实现情感管理探析 [J]. 现代企业教育，2006（22）：19-20.

[100] [英] 格里·约翰逊，凯万·斯科尔斯. 公司战略教程 [M]. 金占明，贾秀梅译. 北京：华夏出版社，1998.

[101] 姚唐，黄文波，范秀成. 基于组织承诺机制的服务业员工忠诚度研究 [J]. 管理世界，2008（5）：102-114+123.

[102] 袁凌. 西方企业文化理论的兴起与我国企业文化模式的重构 [J]. 国外财经，2001（4）：71-74.

[103] 郑伯埙，周丽芳，樊景立. 家长式领导量表：三元模式的建构与测量 [J]. 本土心理学研究，2000（14）：3-64.

[104] 占德干，张炳林. 企业文化构建的实证性研究——对四个不同类型企业的调查与分析 [J]. 管理世界，1996（5）：204-210.

[105] 赵立红，[日] 神野繁宪. 日本企业文化与礼仪 [M]. 大连：大连理工大学出版社，2014.

［106］赵黎明．当代国有企业文化建设研究［D］．长春：吉林大学，2015.

［107］赵丽娟．企业文化对战略实施影响的实证研究［D］．南昌：江西财经大学，2012.

［108］赵海燕．谈烟草企业文化建设［J］．企业导报，2011（7）：204-205.

［109］赵琼．对中国企业文化发展的反思［J］．广东社会科学，2001（3）：106-112.

［110］赵霞．日照供电公司企业文化诊断评估［D］．济南：山东大学，2009.

［111］赵夷岭．基于组织承诺的企业核心员工激励模式研究［D］．昆明：昆明理工大学，2009.

［112］赵莹．影视为出版造势——对影视图书出版的研究分析［J］．东南传播，2010（8）：54-56.

［113］张世贤．中国企业品牌竞争力指数系统理论与实践［M］．北京：经济管理出版社，2011.

［114］张世贤．现代品牌战略［M］．北京：经济管理出版社，2013.

［115］张世贤．品牌国际化战略要领［J］．文体用品与科技，2010（12）：32-35.

［116］张世贤．忠诚度与中国品牌竞争力［J］．企业管理，2004（5）：58-61.

［117］张世琪．文化距离、顾客感知冲突与服务绩效的关系研究［D］．杭州：浙江大学，2012.

［118］张利．基于情感因素的高星级酒店形象识别系统（CIS）研究［D］．郑州：河南大学，2011.

［119］张治忠，马纯红．寻求效率逻辑与情感逻辑的动态平衡——建构现代企业文化的人本视角［J］．广东商学院学报，2005（2）：35-39.

［120］张磐，吴欣．企业文化：从管理学走向经济学［J］．企业家天地，2010（11）：18-21.

［121］周忠田．企业文化的经营实践［J］．销售与市场（评论版），
2009（8）：16.

［122］周欢．企业文化测评研究综述［J］．价值工程，2008（4）：
109-112.

［123］曾昊，陈春花，乐国林．组织文化研究脉络梳理与未来展望
［J］．外国经济与管理，2009（7）：33-42.

［124］朱晓蕾．旅游企业情感文化对知识性员工的影响［J］．职业技
术，2011（8）：113.

［125］邹晓玲，夏兆敢．论企业人才的精神激励［J］．湖北社会科学，
2003（1）：90-91.

后 记

历经两年多的写作时间，本书终于完成，在撰写书稿的过程中遇到了许多的困难，包括研究方向和提纲的拟定、写作素材的收集、问卷和访谈的进行，虽然困难重重，但是在学校各位导师和亲朋好友的支持下，我最终克服困难，完成了本书的研究。在此，我要对帮助和关心我的人表示衷心的感谢。

我想衷心地感谢我的导师张世贤教授，在本书写作的过程中，张教授为我提供了持续、及时的指导和帮助。至今依然记得，当张教授问我想选择什么样的研究方向时，我脱口而出："我想研究情感要素，打造婉容人生"，我对"情感"和"婉容"内涵的认知得到了张教授的认可。在张教授的指导下，我坚定信念要把情感要素与企业文化建设之间的关系挖掘出来，最终完成《服务型企业文化建构中情感要素的绩效价值研究》这本书，希望能帮助到更多的创业者，提升服务型企业的核心理念和价值研究。

我要感谢巴黎第九大学 EDBA 的各位专家教授，本书能够完成也得益于巴黎第九大学 EDBA 各位专家教授的悉心指导，Bernard Fernandez、Pierre ROMELAER、Jean-Pierre Segal、Herve Alexandre 和 Joel Metals 等专家对本书的研究范围进行了界定，为本书的修改指明了方向，牛力群老师与杨银笛老师规范了文章的行文，使文章更加严谨，张英俊老师积极协调各项事宜，使我能够按规定时间完成本书的撰写工作。

感谢广西新生活后勤服务管理服务股份公司的总裁、项目经理及全体人员对问卷与访谈调查给予的大力支持。尤其要感谢鲍丹丹、黄水莲、欧杰凤、彭玉兰、覃英、欧阳敏儿、朱荣建、黄丹丹、熊静明等新生活公司领导对访谈工作的鼎力相助。

感谢日本株式会社 WeDo 联合创使人谢文博先生，谢先生多次带我了解日本 MK 公司和迪士尼乐园的极致服务，并积极协助开展本书所需的企业高管的访谈工作。

感谢日本 MK 公司和日本东京迪士尼乐园的高管齐藤茂一和辻智史先生，他们对我的访谈调查给予了大力支持，分享了他们所在公司的经验，为本书的完成提供了案例。

感谢国内相关行业的精英人士对本书访谈工作的支持，在调查研究的过程中，北京约瑟投资有限公司董事长陈九霖，北京悦聚信息科技有限公司的 CEO 王昆鹏，维度智华管理顾问（北京）有限公司执行董事谢文博，泰和泰（北京）律师事务所执行合伙人张凌，青岛德系智能装备股份有限公司董事长周翔，清华大学继续教育学院院长高策理，北京市东易律师事务所合伙人律师黄文涛，科特勒咨询集团（KMG）中国区管理合伙人王赛，北京海天恒基装饰集团董事长海军，加拿大女王大学城市与区域规划学院院长、教授梁鹤年，汉能控股集团副总裁籍东等精英人士提供了宝贵意见。

感谢新生活公司的客户梁金桃、覃琼丽、刘德铭、王维珍、王星珍、陈春妮、覃万年、杨建芬、曾军红、蓝红波等人能够接受访谈，并提供了一系列的意见和建议，为本书提供了基础材料。

最后，我要感谢我的家人，感谢他们对我的理解与支持，是他们在我的背后默默地支持我、激励我，才使我能够在艰辛的求学路上坚定前行，走到了今天。